この本を手に入れるには:

www.ace5handbook.com
www.etcontacthub.com
www.amazon.com

Copyright © 2020

私達の息子達、娘達、そして世界中の子供達に捧げます。

次の人達に彼らのこの本への貢献に対し、心よりの感謝を送ります。

ハッチ圭子氏（カルガリーCE-5 メンバー）：記事の提供、英語版の日本語訳、表紙の題字

山本真利子氏　：日本語訳文の編集校正

マーク・コプロースキー氏（CE-5 Tokyo）：記事の提供、オリジナル英語版の編集校正

グレゴリー・サリバン氏（JCETI））：日本語版への記事の提供

目次

第１部：CE-5 への案内

CE-5 とは何か? 6
'CE-5 への手引き'へようこそ！ 7
CE-5 の歴史 8
私達 CE-5 カルガリー・グループ 10
基本的な要素 11
   1. 唯一の意識との繋がり 11
   2. 真摯な心 12
   3. 明瞭な意図 13
他の役立つ要素 14
   良い波動 14
   グループ内の緊密さと結合 18
   信じる事は'見る'事 22

第２部：実際に始めるために

他の人たちと合流する 26
どこで仲間を見つけるか 27
自然の中での合宿（リトリート） 28
グループを運営する 29
場所を選ぶ 30
第１回目の CE-5 32
方位を付ける 34
日誌を付ける 37
用具と器具 38
   レーザー・ポインターを使わないで！ 40
   アプリ 42
   交信を受け取るための道具 44
   目撃を記録する器具 46
   写真 48
内的なコミュニケーション 50
外的なコミュニケーション 52
瞑想 58
新しい世界のヴィジョン 62
   地球規模での CE-5 イニシャティブ 64
   宇宙意識 65

('瞑想'右側の欄に続く)

毎瞬間が瞑想 66
黄金の時代 67
星の存在に会う 68
早くて簡単な CE-5 の瞑想 70
惑星間評議会 72
共鳴するエネルギー 74
浄化のための瞑想 76
   JCETI の浄化 76
   ネガティヴな影響の癒しと浄化 77
   地球のエネルギーを吸い込む浄化 78
   グラウンディングと宇宙エネルギー 80
   横になってするグラウンディング 84
遠隔観察 86
生体電磁気コミュニケーション 88
音と音楽 90
   プジャ 92
   トーニングとハミング 94
   音を使う他の方法 95
CE-5 日程の例 96
トラブル シューティング 100
6 回までに目撃は起こる 103

第３部：論説と付録

偽りの旗 106
金曜日 107
フリー・エネルギー 108
世界を変える 109
人々による公開運動 110
分離に用心 112
運動を破壊する方法 113
未来 114
CE-5 日誌のテンプレート 116
CE-5 の人達 124
日本の CE-5 の人達 126
推薦するメディア 128
用語表 130
人物、組織、運動、国家名索引 135

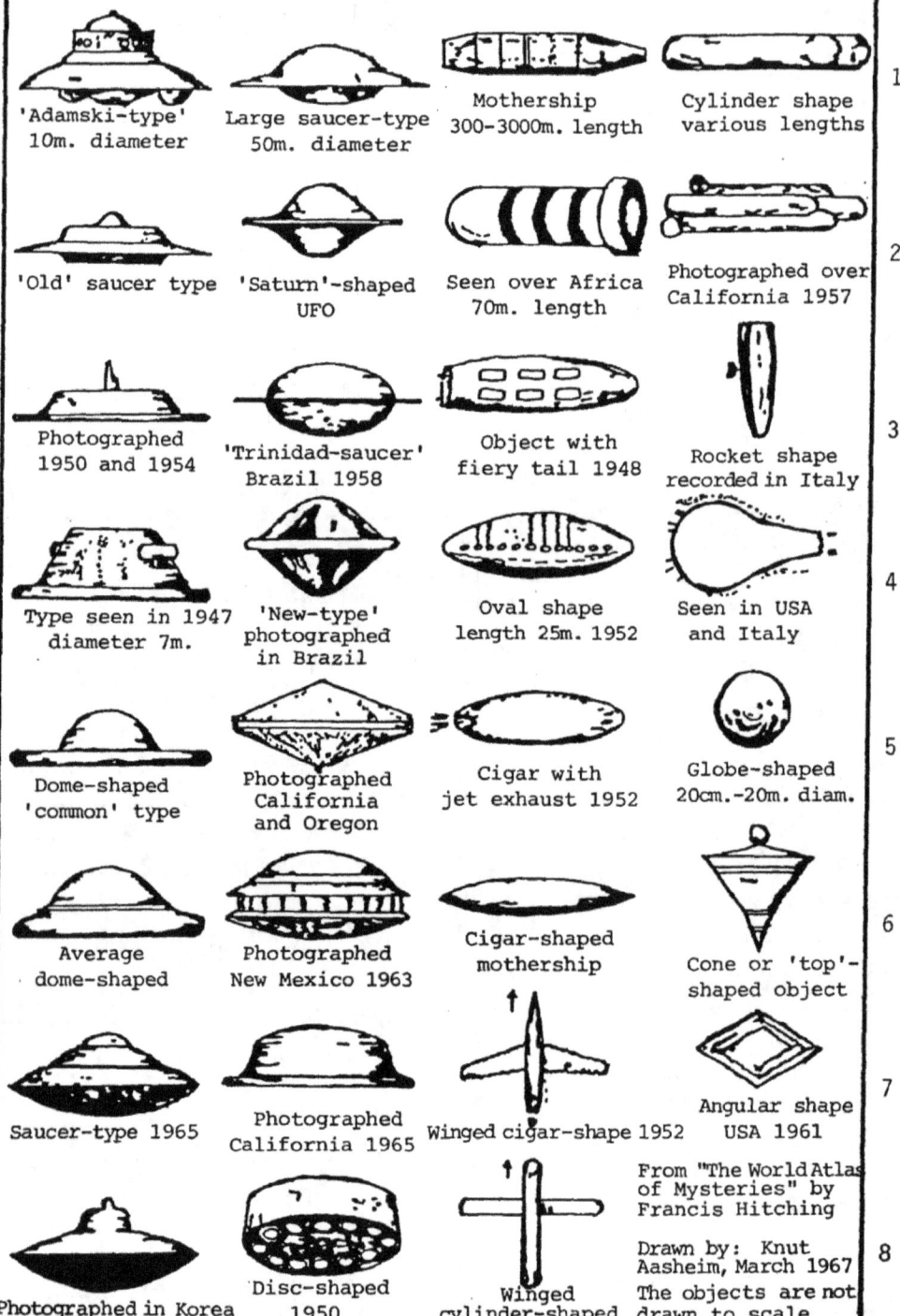

第1部

CE-5への案内

'CE-5' とは何か

'CE-5' とは 'Close Encounters of the Fifth Kind' の略称です。
つまり '第五種の近接遭遇' ということです。

"Close Encounter"（近接遭遇）という用語は J. アラン・ハイネク（J. Allen Hynek）博士によって作られました。彼は 1947 年から 1969 年の間 US 空軍で Unidentified Flying Objects (UFOs) の研究に携わりました。彼の当初の分類法では 3 種類ありましたが、後に続く研究者たちによって追加がなされました。近接遭遇は大きく二つのグループに分けられます。

- 最初の 4 種類、CE-1, 2, 3, 4 は、すべての UFO や ET (Extraterrestrial: 地球外生命体) との出会いの内、私達にとって受け身なものであったものを指します。例えば、事故での遭遇、間接的な遭遇など ET が行動を起こしたものであり、多くの場合私達にとって制御不可能なものです。

- それに対して CE-5 は私達の自発的行動による出会いであり、ET と私達との平和的な双方からの交信を維持するものです。

CE-5 はどんな風にするのでしょうか。色々な形を取り得ますが、多くの場合、一人か或いは複数の人が集まり、瞑想をし、ET の友達へメッセージを送り、そして内的にあるいは外的にメッセージが送り返されてきます。CE-5 は殆どの場合、野外で晴れた夜空の下でされます。複数の人達による UFO 目撃を可能にするために。

> ハイネク博士が UFO の研究を始めた時、彼は大いに懐疑的だった。しかし、研究をするに従い、彼は UFO のすべてを説明するのは不可能だという確信に至った。彼の調査が終りを迎える頃には、彼は地球外知的存在と次元外知的存在について、次のような大胆な声明を出している："これらが存在すると言うに十分な証拠がある"。

'CE-5 への手引き' へようこそ！

私達の目的は、あなた方が星の家族と接触を図るために野外に出るときに持って行ける、理解し易い、実用的な手引き書を提供することです。

なぜ接触（コンタクト）を図るのか？ もしかすると貴方は驚くかもしれませんが、ET との交信の目的は視覚的な観測や世界を救うために努力することではありません。この風変わりな貴方との会話は、実は貴方自身の意識の拡大という贈り物についてなのです。

それならば、飛行船を見たり、フリー・エネルギー(Free energy) を利用することは的はずれです！ しかしながら、これらの事柄は 私達の進化の過程で副産物として自然に実現するのです。

私達はそれぞれ、より大きな自分自身を見つけるために独自の道を歩んでいます。この本のなかで述べる方法の中から何か選んでください。それらが、貴方独自の接触の方法を創り出すためのインスピレーションに火をつけますように。

私達は貴方が楽しみながら、ET の友達と共に、豊かな、楽しい、そして精神的な向上をもたらす経験をすることを願います。

意識の拡大は面白いものです。

楽しんでください。

CE-5 の歴史

CE-5 の交信のためのポロトコール(protocol：規範)は、1973 年にスティーヴン・グリアー博士 (Dr. Steven Greer)と数人の ET 達との協働で作られました。これらの存在はグリアー博士にこのプロトコールを人類に教える重要さを伝え、彼はその後 20 年位してから真剣に取り組み始めました。また、彼は人類が率先して行ったコンタクト(接触)はこのプロトコール以外にも存在したことを教えられました。いくつかの例としては：

- 全歴史を通じて、世界中の先住民社会のシャーマン達が ET と自由なコンタクトを行っている。

- 1954 年 3 月 15 日、探求者のグループが思念でメッセージを宇宙に送ったので、この日は "World Contact Day" に指定された。それ以来、彼らは多くの交信イベントを持ち、これらの行事の特徴として、その日の UFO 目撃が特に多いことがあげられる。

- 60 年代にアメリカと UK(イギリス)のヒッピーのグループが ET にメッセージを送り、ET からのメッセージを受け取った。

- 1974 年にシクスト・パズ・ウエルズ（Sixto Paz Wells）と "ラーマ（Rahma）" と言う名の、ペルー人のグループが送信と受信を始めた。彼らは予定された交信のイベントに国際的な報道機関を招待した。イベントでの複数の人による UFO 目撃が彼等に寄って確認され、報告されるように。

グリアー博士は CSETI (Center for the Study of Extraterrestrial Intelligence) というグループを 1990 年に創設し、長年このグループを通してコンタクト・プロトコールを実行し、また教えてきました。コスタ・マクリース(Kosta Makreas) が創設した同様の組織 'The People's Disclosure Movement'(人々による機密情報の公開運動)を通じて 'CE-5' という名前が世界中に広がりました。多くの異なったグループが CE-5 に触発され、あるいは彼等独自の方法で接触を図っています。どれくらいの人達、或いは幾つのグループが世界中で定期的に CE-5 を行っているか正確には誰にも分かりませんが、その数は何千人と見積もられており、そして増えつつあります。

最初のプロトコールには唯一の意識との繋がりと Remote Viewing(遠隔観察)で ET に私達が居る場所を視覚的に示すことが入っていました。他の目撃場所やミステリー・サークル(Crop Circle)で録音された音が流され、また天文的レーザーや種々の器具が使われました。グリアー博士自身が、私達が CE-5 を彼の解釈や構想に従ってする必要がない、と言った最初の人でしょう。誰か他の人の指導に完璧に従うことは貴方が接触できるかどうかには関係ありません。貴方が貴方自身の方法で準備が出来たときに、コンタクト出来るのです。この本から受け取るべき最も重要なことは、貴方に取って最良のプロトコールとは貴方が貴方自身の導きに従い貴方自身の物としたプロトコールだという事です。

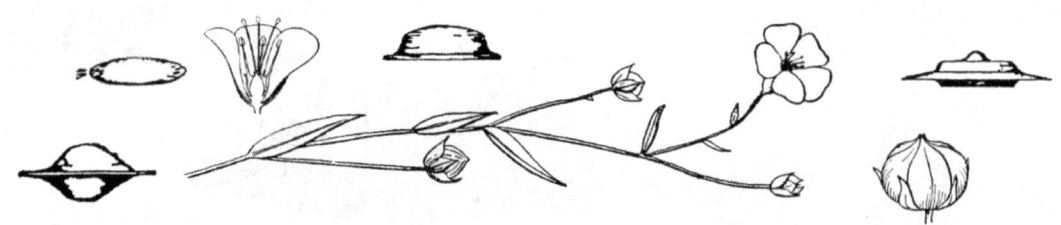

> "シクストと コスタ について、もっと知りたいのですが。"
> この本の巻末にある"CE-5 の人達"の略伝を見てください。

"私達は一体誰と交信するのでしょう?"
ET？ 天の存在？ 霊魂？ エネルギー体の存在?

古い教えでは私達は有形の飛行体で飛行している有形の宇宙人と交信するのだというでしょう。それはそうかもしれません。何種類かのET達は私達が知っている3D世界の生命体のような有形な存在かもしれません。しかしながら、すべてのETでは無いとしても、その多くは多次元を行き来する能力を持っていると考えられます。これはUFO研究の歴史の中で目撃された光景、体験、そして現象からの論理的な推理です。彼らは無形の存在と連携しているか、彼ら自身が無形の存在、あるいは霊/源であるかもしれません。どの場合であれ、私達は私達が無条件の愛の存在と交信していることを知っています。彼らは人類の意識の発達に顕著な関心を持ち、彼らとの会話によってもたらされる最も重要な事柄は愛です。なぜそれがわかるのか。なぜなら、私達の内面的な、そして外面的な経験はすべてポジティヴなものであり、私達が愛の境地に無い限り目撃を"得る"ことはないからです。

"もし間違っていたら?" もし私達が無条件の愛の存在では無い誰かと交信しているとすると、その唯一の説明は、個人としてもグループとしても、人間には望むもの、あるいは予想するものを顕現する能力があるということです。もし、そうだとすると、これは何を意味するのか。それは、愛なしには、それらの信じられないような結果は得られないということです。そして、それは単に、私達にとって可能なことが何かを見つけ出そうとしているだけです。 それもまた興味深いですが。

私達 CE-5 カルガリー・グループ

2013年に友人と私は記録映画 'シリアス' (Sirius) を観て非常に刺激を受け CE-5 グループを創りました。私達の初めての野外での CE-5 は晴れた夏の日でしたが、小さな一かたまりの雲がありました。私はその雲を指して "あれ'Hi (挨拶)'の様に見えない'?" と言い、そうだね等と皆で笑って、また瞑想に戻りました。写真を撮っておくべきでした。あれは私達の星の友人達からの控えめな歓迎のメッセージだったと今は信じます。3年間私達は内面的な経験をしました。時には私達の内の一人が異例の現象をみることはありましたが、私達は複数の人による目撃の無いことに不満でした。そして、私とグループの内の一人がシャスタ山 (Mt. Shasta) へ行き、独特で素晴しいコスタ・マクリースにが主催する合宿に参加しました。何という驚くばかりの接触の経験だったことでしょう！私達が戻ってからは、グループはどんなものを空に見つけるべきかを、もっと良く知ることになりました。その後、去年は次のような素晴しい事象を見ました。(宇宙船、あるいはエネルギー体である事を肯定できる割合の低い物から高い物の順で下記します。)

- 多数の '流星と見做される光 (alleged meteorites)'。流星が頻繁に見える夜(meteor shower night)でもないのに異常に多くの流星の様なものを見た。
- 多数の 'サテライトと見做される飛行体(alleged satellite)'。その内のいくつかはキラキラ輝いたり、閃光を、あるいは揺らめく炎を放った。
- プレアデス星群の中の異常な揺らめく種々の色の光。
- 雲を通して見えた惑星より明るい光。雲が消えた時光も消えた。
- 多数のフラッシュボルブ (flashbulb)とフラッシュボルブのセット。(フラッシュボルブとはカメラのフラッシュの様な光のこと)。50回以上続くフラッシュボルブが空を横切るのを2回見た。
- 4つの非常に明るい光が低く飛んで行くのを見た。その内の一つは雲の中を通り雲を照らし出した程、低かった。(私達はそれらすべてが速度を落とし、水平線で殆ど停止するのを見た)。
- 一つの大きなオーブ(orb)がゆっくりと、まるで羽根が落ちる様に空から降りてきた。
- とても明るい光が移動したり止まったりを繰り返した後、あっと言う間に消えた。

私達は今、次に何を見るのかをとても楽しみにしています。あの、何も起こらなかった三年間は私達にとって必要な期間でした。私達は視覚的な観測の準備のために大きな成長を遂げなければならなかったのです。しかし貴方がたに取って、何かを見るまでにそんなに長い時間が掛かるとは思わないで下さい。近年においては、目撃はもっと頻繁に、容易になされています。私達を見つけ接触して来た人達は彼らの最初の野外の夜に幾つかの目撃をしています。もし、貴方達がこの本で推奨されている方法を取るなら、野外での観測6回以内に何かを目撃すると信じます。

シリアとCE-5カルガリー・グループより

基本的な要素

CSETI のオリジナルのプロトコール(規範)に従うかどうかは貴方しだいです。
何をするにしてもコンタクトするには三つの基本的な要素が必要です。

1. 唯一の意識との繋がり

2. 真摯な心

3. 明瞭な意図

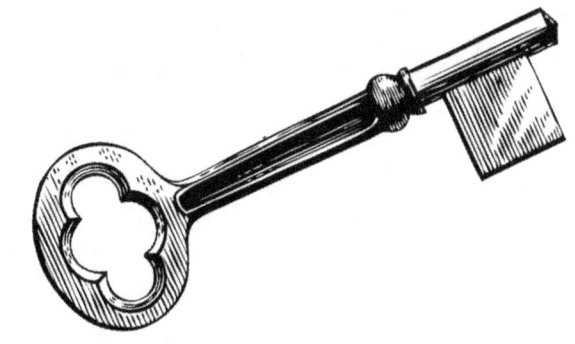

1．唯一の意識との繋がり

日常生活でも CE-5 の時でも、私達がすべての源 (Source)に繋がっていることは必要です。もし貴方がグループのリーダーであるなら、他の人達に、すべての源と一つである状態にあることを勧めるでしょう。この宇宙意識と一つになる方法を貴方自身に、また他の人たちに教えるテクニックを下記します。

- まず自分自身の意識に焦点を合わせ、そして、それを周りの人たちや物と繋がるように拡げる。草や木、グループの人たち、近所の人たち、車を運転している人たち等。彼らや其れ等の物へと貴方の意識を拡げ、彼らとそれらが感じている感情や肉体的刺激を想像する。

- 貴方の個としての意識を手放す。鳥瞰図の中に自身を見る。個を超越してより偉大な意識となる。上から自身を観察しする。'あそこにジョンが、彼のグループと一緒に座っている。彼は楽しんでいる様だ。' という様に自分を名前で呼ぶ。

- 貴方の意識体としての境界を遠く、広く拡げて全宇宙をすっぽりと包みこむ。貴方は宇宙そのものである。すべての星、銀河、星雲である。そして惑星は貴方の腕、足、胴体、そして頭の中に存在する。星が生まれ、そして死ぬ有様、他の惑星の生命体、偉大な太陽系の動き、そして銀河間の往来などを思い描く。

- 過去や未来などというものはない事を知る。すべては今である。もし、すべては今であり、また、すべての瞬間が同時に起こっているとしたら、そして、もし転生が本当なら、貴方が出会う人たちは皆、貴方が他の生涯で生きた貴方自身で有り得ないだろうか？貴方がグループの人達であるとしたら、それが、どんな感じか想像してみる。彼らを見る時、貴方はその瞬間、鏡の中を覗いていると想像してみる。

- 貴方がすべてと繋がっているのを思い描く。透明な糸で貴方がたのハートとハートを繋げる？紐で太陽神経叢を繋げる？拡張した貴方が他のすべての生命体と光のネット・ワークの中で繋がっているのを見る。

- エネルギーは決して無くならない、そして一つ一つの行動は貴方を世界と周りの人々に結びつけるということを忘れないこと。Butterfly effect (小さな変化が全体に大きな変化をもたらす現象)の様なもの。

- もし、貴方が存在しなければ全てのものは存在しない、という事を心に留めておく。貴方は全体が全体であるための不可欠な部分である。

- 貴方が神、源、宇宙、世界、全智全能、創造、の一部であることを知る。それを自覚しつつ、貴方自身の目で見る時、一体なにを見、何を感じるか？ 貴方が神(或いは他の呼称を持つもの)として、貴方の目を通して見るのは、どんな感じだろうか？

- ただ在ること。気持ちを落ち着け、湧き出て来るどんな考えも、ただ消え去るままにする。呼吸をする。無の中に滑り込み、感謝と愛を感じる。

貴方がCE-5をする上で、定期的に唯一の意識 (One Mind Consciousness)に繋がる事は大変役に立ちます。それにより、この心的状態により容易に入れる様になるからです。もし、これらのテクニックができなくても，気にしないでください。瞑想や想像が苦手な人であっても、彼らの親切で、謙虚で、そして感謝に満ちた魂が唯一の意識に彼らを、しっかりと結びつけること私達は知っています。

２．真摯な心

3．明瞭な意図

なぜ CE-5 をするのか?

- 貴方自身の成長を助けるため
- ヒーリングを受け入れる
- 人類愛の向上のため
- 自発的な外交の実践
- 貴方自身を燃え立たせ、貴方自身に希望を与えるため
- 視覚的な贈り物を受け取るため
- 私達は孤独ではないことの確認を得る
- 証拠の文書、映像を残すため
- 宇宙からの干渉を要求する
- 交信の次のステップのためのやる気と準備ができていることを示すため
- フリー・エネルギー (Free Energy) と人類の解放へ、より早く行き着くため
- 地球に安定と調和を与えるための助けをする
- 私達の子供達のために、より良い世界を作るために行動を起こす
- 楽しむため！
- 等々

CE-5 を始める前に貴方の意図を明確にし、途中でも明確にし続けて下さい。貴方の日常生活においても変わるように CE-5 の最中にも意図は変わるかもしれません。また、幾つかの意図を同時に持つ事もできます。

<u>CE-5 の間の意図:</u>

CE-5 を始める際オープニングの一部として、グループとしての、その夜の意図を決めます。グループの人たち一人一人に彼ら独自の意図をたずねても良いし、2、3 人の自発的に発言してくれる人に聞いて、その内で、すべての人が同意出来るグループの意図を決めても良いです。

CE-5 の間、目標を変えたり、加えたり出来ます。例えば、サテライトの様な物が見えた時、グループとしての気持ちを一つにし、方向を変える事、パワーアップ (Power-up)、あるいは近くへ降りてくる事などを頼んで下さい。もし、雲が邪魔なら皆で、雲が消える様に想念を送ってみてください。あるいは蚊がどこかへ行ってくれる様に、あるいは皆が暖かくなるように頼んでください。グループの中の一人へのヒーリングをするのも良いでしょう。グループとして意図を示す事は、その意図を指数的に増幅します。これについて、もっと知りたければトランセンデンタル 瞑想(Transcendental Meditation)により都市の犯罪率が 70%程も減少したという科学的に証明された研究を調べて見て下さい。

野外での CE-5 を終える時、その後、帰り道でも交信が起こり得るし、またそれから何日かの内に夢の中でも起こり得るため、それに気を付けているように念を押してください。

"パワーアップ（ス）とは何か？"
この言葉や他の知らない言葉の意味を知りたい時は、巻末の用語表を見てください。

その他の役立つ要素

前記したコンタクトのための三つの基本的な要素はグリアー博士の経験に基づいたものです。ここでは、交信を増やすための私達自身の方法を追加します。

- 波動
- 緊密さと結合
- 信じること

1. 良い波動

もし、現実の全体が波動の体系に沿って運行する、つまり、エネルギーの密度の高低、次元の違い、或いは、広大な連続を続けている意識の状態によって動いているということを認めることは、ETや悟りを開いた存在、天使、そして他のその様な存在たちが私達の 3D の物質的な世界より高い波動の世界に居るということを認めることです。彼らは、私達人類より高い速度で振動しているため、私達が自然に知覚し得る領域の外側に存在します。つまり、私達は宇宙の自然の広大な部分が見えないのです。しかし、安心して下さい。私達は完全にここに拘禁されているのではありません。私達もまた永遠の多次元的な存在です。もし私達が努力して自身の波動の周波数を高めることが出来たら、あるいは自身のエネルギーの波動を ET 達のものと同じまでに出来たら、私達には、彼らと実際に相見え、物質的な接触をする機会がもっと増えるでしょう。リサ・ロイアル・ホールト(Lyssa Royal Holt)はこの願わしい状態を'共通の場'と呼びます。

どうのようにして波動を高めるか

CE-5 の間、貴方のエネルギーの周波数を幾つかの方法で高めることができる。

- 貴方のエーテル体、真我、そして 3D を超えた貴方自身のすべての面を意識する。
- 遊びの心を持つ。ET 達も貴方と遊ぶだろうから、一緒に楽しもう。
- CE-5 の雰囲気を軽く楽しいものに保つ。
- リラックスする。CE-5 の間に、何か見るかもしれないし、見ないかもしれないが、貴方は成長するだろうから。
- 感謝はもっとも早く波動を高める方法である。貴方のグループの人たち、その夜、星達，無限，命，凄い働きをするレーザー・ポインター等に感謝する。
- 自然な貴方で居る。同じ種類の変人に囲まれているのだから、ちょっと羽目をはずそう。
- 眠くなってセタ脳波 (Theta waves)の状態に入る。
- CE-5 の準備のために、グループで、個人で瞑想をする。そして、普段から瞑想を頻繁にする。
- 皆に、私達が単に肉体的な存在ではなく、多くの面を持った永遠の霊的な存在であることを思い起こさせる。私達が意識を拡張すればする程、より多く宇宙の光景を見ること、より多くの現象を体験することが出来る。
- 交信は起こるものと予想する。貴方は無限の永遠の存在であり、遅かれ、早かれ、交信を受ける。
- 冷静でいる。その日、何も起こらない様に見えても、失望したり、落胆したりしないように努める。経験はある方が良いが、それは必要ではないのだから。

脳波の周波数表 (EEG Brain Frequency Chart)

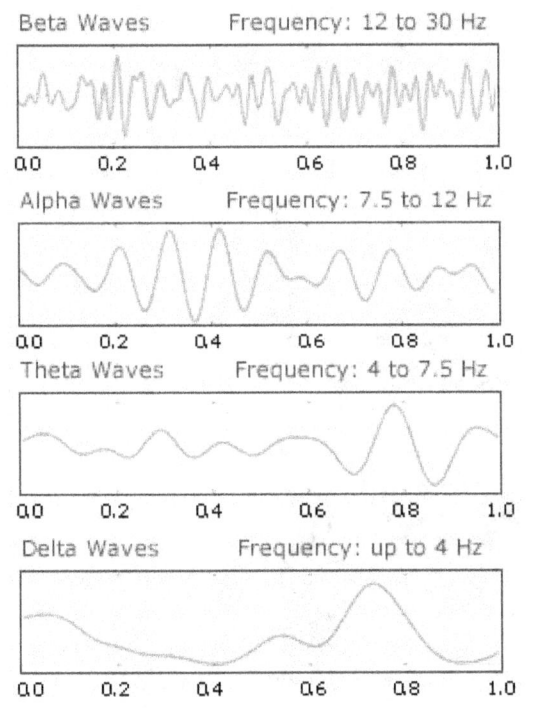

意識の深度

ベータ波：12 – 30 Hz 目覚めている時の意識状態。注意、集中、焦点、認識、肉体的感覚。

アルファ波：7.5 – 12 Hz 潜在意識への入り口。普通目を閉じた状態で深いリラックス、軽い瞑想。リラックス、映像を思い描く、創造性、超学習。

セタ波：4 – 7.5 Hz 潜在意識。普通、浅い眠り、REM 状態を含む。深い瞑想、直感、記憶、鮮明な映像創り。

デルタ波：4 Hz まで 無意識状態・集合意識。普通深い眠り、夢を見ない状態。自動的自己ヒーリング、免疫系の機能。集合意識。

http://www.mind-your-reality.com/brain_waves.html

波動を高めるには、ハートで生きる、と言うくらい簡単であり得る。

"愛を選ぶ

"人生において、私達には愛の思いか、それとも恐れの思いかの選択肢がある。

"恐れとは、収縮し、閉鎖し、引き込み、逃げ、隠れ、死蔵し、傷つけるエネルギーである。
愛とは、拡張し、解放し、送り出し、留まり、現れ、共有し、癒すエネルギーである。

"恐れは私達の体を衣服で包み、愛は裸で居させてくれる。
恐れは私達が持っている物すべてにしがみ付き、愛はそれらを他に与える。
恐れは身近に保ち、愛は親しく保つ。
恐れは固く握り、愛は行かせる。
恐れは苛立させ、愛は宥める。
恐れは攻撃し、愛は修正する。

"それぞれの人の想念、言葉、あるいは行いは、なんらかの感情に基づいている。
これについては、貴方に選択の余地はない。なぜなら、他に選ぶものがないから。
しかし、貴方にはどの感情を選ぶかの自由がある"

'神との会話 より、著者：ニール・ドナルド・ウオルシュ
'Conversations With God' by Neale Donald Walsch

貴方が自身の、そしてグループの波動を高める時、貴方は世界と宇宙に影響を与えているのです。この様な大きな規模で、それが起こっているのを想像してください。私達の脳波が地球から放射され、より高い意識の存在にまで届き、そして接触するのです

"たくさんの弦楽器がある部屋の中で、一本の弦を強く振動させるだけで他の楽器の弦をも振動させる事が出来る。

二つのギターを近くに置き、一方のギターの一本の弦を鳴らすことで、この実験を小規模で出来る。すると、もう一方のギターは触れられることなく振動し始める。"

(情報源不明)

2. グループ内の緊密さと結合

コンタクト体験のレベルは、そのグループの緊密さと結合の程度によって比例することが多い。

緊密さは分かち合った共通の価値観、意図、そして目標に由来する。

> グループの一人一人が、グループとして何をするのか、何故そこに居るのかについて基本的に同じ考えである。色々なメッセージが混じっていない。統一した意図とメッセージを持つグループ、また、彼ら自身で集合的に深い平穏さ，愛，善意、そして優しさを投影する事で、彼らの周波数を高める事が出来るグループとの方が、ET達はより感受性が強くなり、応答したり接触したりし易くなる。(波動、エネルギーのレベルで)。これらの良い波動と意図を大量に貴方のグループから宇宙へ送り出しましょう。ET達はこれを受け取ることが出来、何らかの形で返答を送ってくるでしょう。

結合とはチームの人たちが協働し一つの単位として効率的に機能すること。

> もし、貴方のグループが計画性や秩序の観念に欠けていたり、或いは内部に葛藤や切迫した状況があるとしたら、コンタクトは困難かもしれない。ETが遠くから貴方のチームを観察して何をしているか見るとしよう。もし、彼らが不和，ネガティヴさ，不快な波動を感じ取ったり、或いはチームが締まりのない、ぎこちない、そして不愉快なやり方で事を運んでいるのを感じたりしたら、彼らは接近するのを躊躇するかもしれない。実際、波動的な見地からすれば、彼らが接近することは可能でさえないかもしれない。チームワークが良く、協力し、合体し、誠実で、お互いに尊重し合っているグループが大いなる愛、調和、平安、そして善意を放射していれば、そのコンタクト・グループは自然により大きな成功を収めるだろう。一つの仲の良い家族のように、スムースにまた効率的に行動するチームを作り、育てるべく努力する。それには時間、忍耐、そして多数の野外イベントが必要かもしれないが、そうすれば、より深く、もっと満足出来るレベルのコンタクトが得られるだろう。

緊密さと結合を高めるには：

- 新しい参加者には野外に出る前に予備知識を提供する。彼らはどんな事が始まるのか知っておく必要がある。（彼らに、この'CE-5の手引き'を上げる!）

- 新しい人たちを心からの温かい歓迎で迎える。

- もし貴方のグループが大きければ、皆が名前を書いたカードを付ける。

- 新しい参加者があった場合、始めに面白い紹介ゲームをするのも良い。

- CE-5の始め、空に目を固定する前にお互いとの交流の時間を持つ。(暗くなる前がやり易い)。

- お互いに質問しあい、お互いを知り、そして話すのと同じだけ聴くように努める。

- 愛情ぶかく，忍耐強くある。

- 微笑みとハグを忘れずに!

- コンタクト・イベントで野外に出る前や、イベントとイベントの中間に一緒に食事をする機会を持つ。何度かの持ち寄り式の会食は私達のグループの緊密さを増加させるのに役立った。

- 他の人たちの経験や世界の捉え方を、それが、どんなに可笑しなものに思えても受け入れる。

- 他の人たちが目撃したり興味深い経験をした時、心から喜ぶよう努力する。貴方が羨望を感じていたとしても。

- グループ写真を撮る。（しかし、外部に知られたくないと言う人の希望を尊重する）。

- 野外でのイベントを、手を繋ぎながら始め、そして終わる。あなたのエネルギーを繋げるため。(もし寒かったり、蚊が居るときは短くする。)

- 場所にもよるが、コンタクト・イベントの一部として、近隣での観察をグループとしてする。定例イベント以外の冒険を追加しょう!

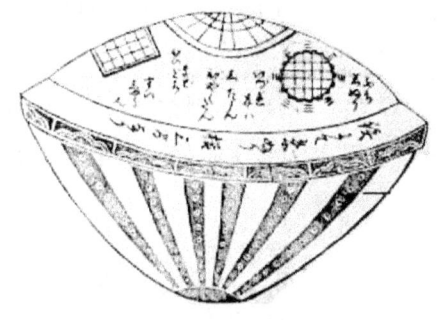

"空船"（うつろぶね）は1803年に日本の常陸の漁師達によって目撃された。中には一人の若い白人のような女性がおり、姿かたち、服装、言葉、すべて知らないものであったので、漁師達はその船をそのまま、海に押し戻した。この遭遇はThe Hynek Classification SystemによるCE-3であった可能性がある。つまり、宇宙船の乗員との遭遇である。

チームワークとリーダーシップ

チームワーク(協働)は結合のとても重要な成分です。チームの内での仕事分担が目撃の増加に繋がる様に思われます。すべての人が何らかの方法で貢献出来るはずです。有能なリーダーであるためにはこれを実践するのが重要です！初めは私自身リーダーシップが重荷でしたが、それは成長の良い機会です。

CE-5 Tokyo のマーク・コプロウスキー(Mark Koprowski)は指導性に長けたリーダーで、彼から色々学んでいます。彼はこの本に重要な貢献をして下さり、彼の長年の経験と叡智に感謝します。チームワークと結合のために彼が実行している事柄の幾つかを紹介します。

- 仕事を分割し、割りあてる。例えば、観察場所の確保や管理、写真を撮る、ビデオを撮る、レーザー・ポインターを使う、セージ(sage, 薬用サルビア)を燃やす、線香を焚く、音声の録音，双眼鏡を持参する、天体のイベント情報を提供する、観察場所の警備、等。そして、夫々の人が何をするのか、いつするのか、どういう風にするのかが明確であるように指導する。それぞれの人に役割や仕事、例えどんなに小さいものでも、を与える事によってすべての人がチームの一部であると感じられる様にする。結果として、例えスマホで写真を撮る人が１０人になっても構わない。また、貴方のグループが小さめの場合、一人の人に幾つかの役割を割り当てても良い。

- 統一とグループの結合の観念を保つために、野外の観察の間、同時に一人以上の人が話さないのが理想的である。もし貴方が役に立つことを知っていたら、それを誰もが聞こえるような大きな声で話す。休憩時間の他は私語を慎む。

- 男性と女性のエネルギーの均衡を図るため，野外でのコンタクトの輪を、男、女、男、女、というようにアレンジする。

私のリーダーシップのスタイルは自由放任です。私はもう少し断固としたリーダーとなるべく努力する必要があると思っています。以下はこれまでの間に気づいた役に立つアイデアを集めたものです。

- 話し過ぎる人には穏やかにストップをかけ、あまり話さない人には話すように促す。（リーダーである貴方自身が話し過ぎないように気をつける！外向的なリーダーは、よくこの死角を持っている。）
- グループの意志を記録しておき、それに従う。
- リーダーとしての自信を持つべく努め，不安定さを押し退ける。
- グループの人たちに何処へ行きたいか、何をしたいかを聞く。
- 上記については、あらかじめ用意しておいた選択肢を与える。（自由に答えさせる質問では無く。自由に答えさせる質問は自由過ぎることが多々あるので。）
- 誰かが何か提案したら、グループで話し合う。その提案の実行が不可能な場合、別の機会にできる様に計らう。
- 瞑想のリードを取る、器具を操作する、ベルを鳴らすなどの事をしたい人が居るか聞く。

チームワークは結合の一部分であり、目撃をもたらすものであることをグループに思い出させる。もし彼らが分担を嫌がっても大丈夫。ただ貴方自身が仕事をやり過ぎないように。貴方が忙し過ぎたり、そのために恨みっぽくならないように。何も完璧なミーティングを指揮する必要はありません。成長と目撃はとてもシンプルな内容と用具なしでも起こります。リーダーとして貴方が楽しみ、高い周波で振動していることに留意してください。だから、余裕をもって出来る量の仕事をしてください。

ドラッグ、アルコール、そして武器について

マークの見解:

"アルコール、ドラッグ、そして武器の所持はCE-5に関する限り、一般的には止められている。ちょうど、UNの高いレベルの外交的会議にドラッグを服用したり武器を持って行かない様に、貴方はその様なことを星からの訪問客の来るイベントでもしないだろう。宇宙への使節として、その目的が接触と通信が目的であるとしたら、明瞭な礼節についてのアイデア、良い行儀、尊敬、そして基本的な専門職者としての態度はすべて必要である。ET達は遠隔から貴方のグループを観察する事ができ、もし、誰かが酒やドラッグに酔っていたり、脅威や危険である可能性があったりしたら、直ちにそれを知る。それらの'人を酔わせる物の影響下にある'人たちは、当然ある程度の肉体的、精神的そして感情的な自制力を失う。だから安全性を考えれば、ET達が接近しないだろうこと、少なくとも近くには、は確かなことである。そして、交信を得るための努力の目標が、貴方の目覚ましい異世界的な経験と冒険を友達や家族、あるいは公衆と分かち合い、公にすることであるとしたら、もし貴方がアルコールに酔っ払っていたり、麻薬に酔っていたら、人々に取って、どれだけ貴方の話が信じるに値するように思えるか? 市民外交官として銀河からの訪問客のために、私達はポジティヴで、歓迎の気持ちに満ちた、安全な空間を創るために出来ることは何でもしなければならない。これは、野外に出るとき完全に意識が明瞭で、素面であり、武器を持たないということである。そして、純粋に波動的見地からすれば、ドラッグはおそらく貴方のエネルギー場を滅茶苦茶にし、波動を低くする。そして、これは貴方をネガティヴな、或いは自己中心的な存在の攻撃目標にするかもしれない。それが、ジェイムス・ギリランド(James Gilliland)が彼の牧場では、どんなドラッグも禁止する一つの理由である。"

私はマークに同意します。コンタクトの最中に'人を酔わせる物'を使う人が私達のグループに参加した事はありませんでした。(私の知る限りでは。) それが、何かの霊的な或いは科学的な問題に役立つとは想像できません。多分一つの例外としては、それらの物を神聖な用途で使う、薬として使う、そして、シャーマンが貴方を監督している時でしょう。貴方自身で実験をしたら、コンタクトをしようとしているとき、つまり貴方の意識の拡張を図るとき、それらの物が役立つか、或いは邪魔になるかは貴方自身で知ることになるでしょう。リーダーとして貴方は、それを許可するかしないかを選ぶことができます。武器については、カナダは比較的に見れば、殆ど銃が無い国です。だから、ここでは誰かがCE-5に銃を持って来るとは想像もできません!

3．信じる事は'見る'事

私達の'UFOを見る'ことへの大きな障害物は物質的な証拠への依存です。私達自身が現実を創造する事、そして外的な結果を見るには、まず私達の内的世界が変わらなければならない事を様々な情報源が繰り返し伝えています。UFOの目撃は、この完璧な例です。人の信念は、殆どの場合、その人がどれだけの証拠を得たかに比例します。面白い逆説ですね。貴方が、もう証拠を必要とさえしなくなった時、すべては貴方の上に起こります。面白いでしょう？

信念とは繰り返し、繰り返し持つ考えに過ぎない。以下の考えを繰り返す。
- それは可能だ
- 世界、現実、そして私は、教えられて来たものより、もっと大きなものに違い無い
- 私達は進化しており、未来は未知である
- 他の人たちはUFOを見た
- 私もUFOを見るに違い無い

大きな目撃をしていながら、それでもまだとても懐疑的な人のことを聞いた事が有るかもしれません。彼ら懐疑的目撃者の役割は'公開'（disclosure）の過程において独特の目的を持っています。

もう一つの筋書きは、時として、人々が衝撃的な遭遇のために自発的にその方向に動く場合です。そして、その遭遇は意図的に計画されたものなのです。ある人たちが一貫して交信を受け取る用意が出来ていないのは、とても、まだるっこい事でしょう。とにかく、それらの人達は他の人達と一緒に、伝統的な世界観と私達自身についての限界のある考えから自由になるための基本的な学びをしなければなりません。

もし貴方が、懐疑的だが実験的にCE-5をするのなら、2、3人の非常に強く信じている人達を招くと良いかもしれません。彼等との関係を育んで下さい。彼らは目撃を惹きつけます。科学的であって下さい。と同時に、これらの親愛なる、素晴らしい人達と共に居る機会を逃さないで下さい。その上、貴方にとって異なった模範に耐える事は貴方の成長を促します。彼らと交わるとき、貴方自身の模範に忠実であり、貴方自身の判定を信頼してください。

"ここで気違いじみた代物に気づいたけど、チャクラやエネルギーの渦や水晶などを信じる必要がありますか？私はUFOは信じたいけど、ニュー・エイジの代物は信じない。"
もちろん、貴方はタイ・ダイを着たり、マントラを唱えて貴方の意識を拡大してUFOを見たりする必要はありません。しかし、もしも貴方がもっと科学的であるなら、この本の中の幾つかの記述は貴方と共鳴しないかもしれません。自然、CE-5世界の主題は霊的です。貴方に取って役立つものを取り入れ、他は捨て下さい。この人類の自発的な交信は3つの要素から成り立っている事を覚えていて下さい。1. 唯一の意識との繋がり、2. 真摯な心、3. 明瞭な意図。

'私が疑う事を辞める日は、私が危険な人間になる日である'。
ニール・ドナルド・ウオルシュ (Neale Donald Walsch)

役に立つヒント：CE-5の間にお互いの経験を交換し合うのは信念の統一に大いに役立つ。それは貴方を交信のために適切な状態にしてくれるだろう。また、ミステリー・サークルの音(Crop circles tones)をイベントの前に流すのは、オリジナルのCE-5のプロトコールに有るように有益である。なぜなら、私達の周りには沢山の説明不可能な現象があり、それが多くの人たちに目撃され、研究のために記録されたことを思い出させてくれるから。このCrop circles tonesはYouTubeのET Contact Tool Appで見つける事ができる。(そして、それをmp3に変換できる：https://ytmp3.com/)。

UFOの編成　　　　　　　　UFOの操縦

UFO FORMATIONS		UFO MANEUVERS	

第2部

実際に始めるために

他の人たちと合流する

さて、コンタクトのために必要な材料を知ったので、貴方は実行の用意が出来ました。

CE-5は一人だけでも、或いはグループでも出来ます。グループの大きさは千差万別です。世界の大半で定期的に会っているグループの人数は通常1人から10人です。 私達のメール・リストは30人ですが、普通一回に7-9人の人たちが参加します。特別なゲストが市外から来る時は30人から40人が参加することもあります。私が受けたCE-5の講義で、目撃があったのは約500人から成るグループでした。だから、どんな人数でも良いのです。

多くの興奮した人達が貴方と話したいと願っています。その中の何人かの人達は孤立していると感じ、彼らがどのようにして現在の世界観を得るに至ったかの全てを貴方に話したがっています。こんなに多様な今日の世界ですから同じような意識をもった人達や心の友たちに会うのは素晴らしいことです。

懐疑的な人たちは素晴らしい加味成分に成り得ます。真実の科学者は懐疑的であり、そして、心が広く偏見を持っていません。真の懐疑とは、その人自身の現実を見るレンズをも含めた全てに対して疑問を持つことです。 真の懐疑者は科学的な過程を採用し、そして適切な時が来たら古い規範を捨てる用意があります。

幻影の世界に住んでいる人たちは貴方を狂おしくするかもしれません。けれど、彼らが正しいかもしれないという可能性を受け入れ、決して誰の見解や信条も軽んじないで下さい。 例え貴方が99.9％確信していても、彼らは究極の現実を理解しておらず、彼ら自身の現実を断固として信じています。すべての人は自身の現実を持つ権利があります。

もし、ETに対して大きな恐れを抱いている人とか、過度に懐疑的な人は、グループでのイベントに参加する前に 彼ら自身で修正してもらうべきです。極端にCE-5に抵抗する人が私達のグループに参加しようとしたことはありません。ネガティヴな傾向にある一人か二人の人たちの参加が残りのグループが良い経験をする妨げになるとは限らないことを経験で学びました。 グループの人達は個人的に目撃したり、或いは2、3人だけで目撃するでしょう。しかし、残りのグループが少しのネガティヴなエネルギーに勝つだけの波動的な強さを持っていることは重要です。 私達が最高の体験をした幾夜かはまるでパーティーの様でした。"パーティーを活性化させる"タイプの人が"パーティーを萎める"タイプの人より多ければ 大丈夫です。貴方がリーダーとして、気難しい人や批判的な人に向き合うだけの強いエネルギーを保てないのなら、その時は貴方が全面的に低い波動を無視できるようになるまで'陰電子'を除外してください。 そして、これらの人々を祝福してください。よくあることですが、これらの人々は密かにこの現象(UFO)が本当であることをとても強く願うために、それを公にして賭けに負ける冒険が出来ないのです。なぜなら騙されるのを、或いは、彼らの希望が打ち砕かれるのを予想するのは恐ろしいことだからです。

出来れば誰をも除外しないようにしてください。包括することは彼らと貴方を助けます。 もし貴方が グループの中心的な緊密な人達と天体観測を是非したいのなら、それらの人たちとだけの別の機会を作って下さい。他の人たちを定例のミーティングから除外する代わりに。

どこで仲間を見つけるか

ET Let's Talk
- http://www.etletstalk.com へ行き、"Sign In/Sign Up" をクリックする。
- 左に有る"Members" をクリックし、"Advanced Search"を選ぶ。
- "Location" に市の名前をタイプし、スクロールして "Filter"を選ぶ。
- 貴方の市の人たちに連絡を取る。

ET Contact Network Map
- http://www.etcontactnetwork.com へ行く。
- 地図にアクセスするための登録をする。
- 地図の上のシンボルにクリックし、名前とメール・アドレスを集める。

Facebook
- "CE-5" と <Your City> を検索する。例えば、私達のグループは "CE-5 Calgary"。

- 世界的な CE-5 グループの一つに加入する。これらの幾つかのグループの Facebook では、貴方の住んでいる地域の人を探す書き込みができる。
    - *The CE-5 Initiative*
      https://www.facebook.com/groups/205824492783376/
    - *CE-5, UFO, SIRIUS: ETLetsTalk.com*
      https://www.facebook.com/groups/1593375944256413/
    - *CE-5 Universal Global Mission*
      https://www.facebook.com/groups/1827858540868714/
    - *CE-5 Initiative Working Groups Global*
      https://www.facebook.com/groups/1591401614435784/?fref=gs&dti=205824492783376&hc_location=group

- 貴方自身の Facebook グループを始める。とても簡単! 私達のプライバシーの設定は"closed" なので、公衆は書き込みを見ることはできない。それと、許可されたグループ・メンバーだけが見られる様にできる。

ミートアップ（MeetUp）
http://meetup.com でグループを見つけるか、新しいグループを創る。これはとても良いネットワークの方法である。これは、デートのサイトではない。

WhatsApp
CSETI India は祭礼のようなチャットがいつも行われている。 +91 9874447669.

アナログ的方法
近くの "水晶・ニュー・エイジ" の店を訪ね、ポスターを貼ったり、チラシを置いてもらう。或いは、天文学のクラブの人で関心のある人が居るか聞く。天文学者であり UFO 研究者でもあるハイネク博士（Dr. J. Allen Hynek）は、同僚たちについて非形式的な調査を行った。その結果、彼の同僚の 10% が説明不可能な物を空に見たことがあるが、バカにされるのを恐れて黙っていることがわかった。もしかしたら、これらの人たちの何人かをみつけられるかもしれない。

自然の中での合宿（リトリート）

私達が UFO のホット・スポット(多く見られる場所)での合宿に行ったことは，その後のグループの経験を急速に前進させることになりました。この種の合宿は、新しい友達に会い，意識を拡大し、UFO を見、新しい場所に行く等が出来る価値ある休暇です。 場所としては、カリフォルニア北部のシャスタ山(Mt. Shasta)、カリフォルニア南部のジョシュア・ツリー(Joshua Tree)、ワシントン州のアダムス山(Mt. Adams)、日本、ニュージーランド等があります。

- ET Let's Talk - http://etletstalk.com/ の "Events" をクリックして retreat の予定を見る。
- Sirius Disclosure - https://www.siriusdisclosure.com でメール・リストに登録する。
- ECETI - http://www.eceti.org James Gilliland からの個人的な "The Ranch" への招待をリクエストする。
- Rahma （Sixto Paz Wells) - http://www.sixtopazwells.com 基礎的なスペイン語が理解出来る必要がある。
- Rahma in LA - "Mission Rahma" Facebook で探すか、LA で人に聞く。
- Gene Ang - http://www.geneang.com/www.geneang.com/Events.html イベントを見る。
- CE-5 Aotearoa - https://www.ce5.nz メール・リストに登録する。

日本でのリトリート：

- CE-5 東京：https://www.ce5tokyo.org/ に行き、どんなコンタクト・イベントが予定されているか見る。 CE-5 東京グループについての詳しい情報は 126 頁を参照。
- JCETI：http://www.jceti.org/ に行き夜空の観察も含めたコースの選択肢を見る。詳細については 127 頁の JCETI を参照。
- Lyssa Royal Holt：http://www.lyssaroyal.net/-schedule.html の予定を見る。毎年日本で夏にリトリートが行われる。
- Tracey Ash はエネルギー・ワーカーで多くの他の講義と共にコンタクト・イベントも主催する。彼女はしばしば日本でそれらを行う。http://traceyash.com

公共のリトートに行く代わりに、貴方がプライベートで休暇に行く地域の CE-5 のグループに連絡を取り、彼等のイベントに参加する方法もある。

グループを運営する

現在は地球の全歴史の中で、生きるのに最もエキサイティングな時代に違いありません。貴方は今、此処でどんな役割を選ぶのでしょうか？

月に一回の定期的なミーティングを行うのに必要な時間は大したことはありません。ミーティングに3時間から6時間ぐらい。招待のメールをグループ全体のメール・リストに出し、また、個人からのメールに返信するのを含めて、月に1、2時間。また始めるに当たってする事：人集め、器具(もし使うなら)の選択、適当な椅子を見つける、等に数時間は必要でしょう。その他の事に投資する時間は、いつでも出来、また娯楽的でもあるでしょう。例えば、読書、瞑想の時間を作る、リトリートに行く、新しい器具を試す、など。軌道に乗ったら、月に5時間から8時間で足ります。これは、貴方が目覚めている時間の1%に過ぎません。

私達のグループは一年を通して月に1回ミーティングをしてきました。カナダでは冬は寒いので、気温がマイナス10度以下の時は 持ち寄りで会食し、家の中で瞑想をしてグループの緊密さの増加と重要な内的な成長を図ります。私はイベントの一週間まえにメールを送り、時には、イベントの後でイベントの記録と共に次のイベントの予定日を送ります。

CE-5のイベントにどの日を選んでも良いのですが、大抵の人は世界的なネットワークで行われる、以下のイベントの中の一つと同じ夜を選びます。

- Sirius Disclosure - https://www.siriusdisclosure.com イベントの日を知らせるニュース・レターを受け取るための登録をする。彼らはいつも毎月第一土曜日に行う。覚えやすく、そのために計画を立てやすい。

- ET Let's Talk - https://etletstalk.com/ "Events" に行き次の日時を見るか、メール・リストに入れてくれるようコスタにメールを送る。 kosta@etletstalk.com. 彼らの日はいつも新月にもっとも近い土曜日である。これは暗い空のほうがUFOを見やすいから。私達は空が可能な限り暗いほうが良いのでETLet'sTalkのスケジュールに合わせている。

場所を選ぶ

CE-5 は建物の中、貴方の家の裏庭、近くの公園、あるいは人里離れた場所で出来ます。私達はそれら全ての場所で内面的な、そして外面的な経験をしました。私達の街の人たちは、オーブが彼らの裏庭に浮遊していたとか、昼間、道路の真上に UFO を見たとか、また、トラック位の大きさの三色の光が上下しながら近隣を通過した、等と報告しています。CE-5 をどこでするかは実際、問題ではないのです。貴方に準備が出来た時、それらは貴方のもとへ、やって来ます。

とは言うものの、人里離れた場所はより多くの目撃をもたらす傾向があります。そこは、より暗く、空は美しく、貴方は静けさ、自然、そして平穏に囲まれており、旅客機の航路から遠く離れています。そして貴方がたが UFO を見た時、大声で囃したてたり、叫んだり出来る、などが利益に含まれます。(きっと、ET 達は私達がそんなに喜ぶのを見るのが大好きだと確信します!) 場所を決める時、高圧電線、携帯電話源のタワーなど、貴方がたの電気性の器具や接近しようとしている ET の乗り物に影響を与えそうな物を避けてください。

また、エネルギー・レイ・ライン(energy ley line)、パワー・スポット、神聖な地点などが貴方の住んでいる地域にあるかどうか調べて見ると良いでしょう。この様な地点に居ることが目撃数の明瞭な違いに繋がるかどうか、明確には知り様がありませんが。計画を立てる時のすべてのエネルギーや興奮が良い結果を生み出すのでしょう。私達は幸運にも大きなベッカー - ヘイゲンス・グリッド（Becker-Hagens grid）の交差点が車で数時間で行ける場所にあります。北アメリカには、このようなエネルギー・グリッドの交差点は、そう沢山はありません。私達がそこで CE-5 をした時、とても興味深い不思議な環境の変化が幾つか起こり、そしてまた、他のどの場所でよりも、もっと多くのエネルギーの光やオーブを写真に撮ることが出来ました。

本 "Flammarion" にある絵、1888 年出版、画家不明

第1回目のCE-5

さあ、貴方は一人で、あるいは何人かの人を見つけて一緒に始めることになりました。素晴らしい！
以下、簡単な手順を示しました。これは単なる指標に過ぎないことを覚えていてください。もし、したいことがあったら、それをして下さい！

- 日と時間を決める。
- 簡単な日程表を作る。(CE-5の間にすることを書き留めて置く)。
- 招待のメールを送り、参加するかどうかの返事を頼む。
- 暖かい防寒コート、寝袋、いす、懐中電灯を持ってくるよう念を押す。
- イベントの2、3日前から、瞑想を始める。例えば1日一回皆で同じ時間帯に遠隔で行うか、個人個人で行う。その時、個人としての、あるいはグループとしてのCE-5の意図を決める。
- CE-5の日、待ち合わせて一緒に行くか、目的地で落ち合う。
- 到着したら椅子を並べる。もし空が全般的に晴れていたら、内側に向けて輪にならべる。もし空の一部分が曇っていたり、山や木々が間にある時は半円を描く。
- 日程表を読み上げ、質問、要請、追加、変更が無いか尋ねる。この共同作業をイベントの間も続ける。日程表は完璧である必要は無い！
- 明瞭な意図をグループで創る。
- 唯一の意識と本当に繋がるために、目を閉じての瞑想を一つする。
- 日程表に沿って進め、必要なら修正する。("CE-5日程の例"P96を参考にする)。
- もし何かを見たり、何かを経験したら、それを皆に報告することを奨励する。しばしば、参加者は何か見たことを完全には信じられないので、それについて話すのをためらう。だから、彼等に、もし確信が持てなくても話すよう促す。彼等が話す事によって、グループがその部分の空を見て他に何が起こるか、観察することが出来る。そして実際、それは他の人も見たり、経験したのと同じ物かもしれない！
- グループの意思と気分への密着を保つ。すべての人が暖かいか、まだイベントに付いてきているか、そして、ハッピーか？
- 例え貴方自身は起こった事に気づかなかったり、何も見なかったとしても、全体としての経験と成長に対する感謝の気持ちを持ち続ける。経験上、私達が例えET見たり感じたり出来なくても、実際には彼等がそこに私たちと一緒に居ると信じる。私達の成長を喜びと共に予知しながら！
- ミーティングを終えるとき、眠っている間に会いに来て欲しい、とETに頼むのを忘れない。また、成長と目撃がその後数日のうちに起こるかもしれないこと、あるいは帰宅の途中でも起こり得ることをグループに話すのも忘れない。
- CE-5の後、その記録を参加した人だけではなく、グループ全体に送る。また、その記録をネットワークのサイトに載せることも出来る。(Facebook, ET Let's Talk).

もし、貴方が忠実に三つの基本的な要素を守るなら、(1. 唯一の意識との繋がり, 2. 真摯な心, 3. 明瞭な意図)、貴方は6回目のイベントが終わる前に目撃を経験すると信じます。

持って行くもの

- 椅子か毛布（地面に敷く用）
- 寝袋
- 瞑想のための物 (スマホとスピーカー、本、この手引書、あるいは、貴方自身で創った瞑想)
- 懐中電灯
- レーザー・ポインター（Laser pointer）

  レーザー・ポインターの使用が合法である場合のみ。 また、必ずレーザー・ポインターの部分（40頁）を読んでください。

- 手袋、帽子、冬のコート等

長いCE-5の場合は以下を追加する。

- 間食用の食べ物、水
- トイレット・ペーパー

33

方位を付ける

星や空の一点の位置を知っておくと、お互いに何処を指しているのか説明するのに役立ちます。"あそこに何かある！"と言いながら暗闇の中で見えない指で示す代わりに、"大熊座の尻尾の南を見て！"とか"地平線から北北東に３０度の所。"とか言えます。この優雅な天文学への案内をしてくれた誰か知らない人に感謝します。

野外の場所に着いたらグループの人たちに、方位磁石の方向、測定の基本的なシステム、そして幾つかの星座、星、そして惑星の位置を示します。

- 北、東、南、西、そして、天頂（真上の一番高い点）を指差します。もし有れば、山や木などの目標をそれぞれの方角に指定する。もし無かったら、輪の中の人を指定する。
- '高度と方位' (altitude and azimuth)と言う天文学のシステムを使って、天体の'地平線の座標' (horizontal coordinates) の目安を付ける。
- '高度' (altitude) は物体の天球の曲線上の高さを示す。これは、観察者(貴方のグループ)と相対的な関連で示される。
- 0°は水平な地の地平線を意味する。90°は天頂を意味する。従って、地平線から天頂に向かって半分上がれば45°となる。３分の１は30°, ３分の２は60°等。
- 伸ばした腕の拳の幅がおよそ 10°の空間である人が多い。或いは, 広げた指の親指から小指までの長さは約 20°. これらの目安が役に立つかどうか、やってみてください。或いは単に、物体の高度を示した図やコンピューター・アプリケーションで調べる。
- '方位' は基本的な方角(北、東、南、西) を 0°から 360°までの尺度で測る。しかし、単に方角の言葉(北-北東など)で十分である。
- 天にある物体の明るさを天文学のシステム '実視光度等級' (apparent magnitude) で見積もる。
- '光度等級' 或いは, '星の明るさ' は初め、古代ギリシャ人によって１から６までの尺度で分類された。（１は最も明るく、６は最も暗い)。
- 19世紀に近代の天文学者たちは計算尺を使ってシステムを形式化した。このシステムでは尺度を１の下、６の上へ延長し、ヴェガ星を光度等級のゼロ点に設定した。(ヴェガは極めて明るい星で殆ど一年中、北半球に見られる)。
- "実視"と言う言葉が付け加えられたのは、星の明るさはどちらかと言うと星の地球からの距離に依ることが解ったからである。別の測り方は'絶対光度等級'と呼ばれ、星それぞれを標準の距離から見た時の明るさを表す。

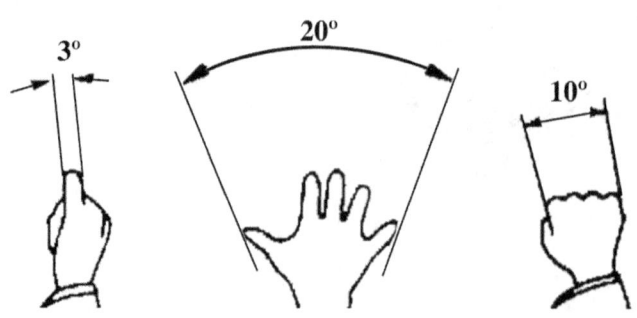

実視光度等級の例

-4 金星
-3 火星(-3 から 2 まで)
-2 木星
-1 シリウス (Sirius)
0 水星 （0 から 6 まで）、大角星（Arcturus), カペラ(Capella), プロキオン(Procyon), リゲル(Rigel), 土星, ヴェガ
1 アルデバラン(Aldebaran), アルタイル(Altair), アンタレス(Antares), ベテルギウス(Betelgeuse), デネブ(Deneb), (Fomalhaut), ポルックス(Pollux), レグルス (Regulus), スピカ (Spica)
2 北極星 (火星)
3 アンドロメダ銀河
4 オリオン座の中の2つの星、Chi 1, 54 Orionis, HD39587 と Chi 2, 62 Orionis, HD41117
5 カシオペア座の中の連星系（Mu Cassiopeiae), 牛飼い座の中の連星系 (Xi Boötis)
6 (水星)

最も良く見わけられる、星座、星、そして惑星の簡単な案内をしてください。 もし貴方が良く知らなかったら、図やコンピューターのアプリケーションを見てください。出来れば、1日か2日まえに。週刊の星を眺めるオンライン放送(podcast)に登録したり、プラネタリュームや天文学者のクラブを訪れることを考えて見てください。 Http://www.skymaps.com では無料でダウンロード出来る星図を毎月出しています。それらは簡単にダウンロード出来、貴方のチームに送る事が出来ます。空のパターンがどんなに親しみ深いものになるか、驚くかもしれません。

Virgo, 画家：Una Scott, Copyright 2017

日誌を付ける

イベントの間か後で、日誌を付けたり、要約を書いておくのも良いでしょう。
人間の記憶はかなり不確かなものなので、誰が何を見たか、何が起こったか貴方の記憶が薄れたり、変化したりする前に、記録しておくのが良いかもしれません。また、記録を見て目撃が増える傾向を知るのも良いものです。もし、時間があればイベントの直後（あるいは次の日に）、まだ人々の経験が新鮮な間に"まとめ"のミーティングをすると良いでしょう。イベントでの活動について話し合い、経験を分かち合うために。また、このミーティングの記録をコンピューターに入れておき、それを後で要約し、日誌と合わせると良いでしょう。

私たちの日誌はかなり簡潔なもので、次の事柄の幾つか、あるいは全てについて書き留めておきます：

- 日付
- 時間
- 誰が何を見たか
- それは何処だったか
- 見た物の詳細

時には、重要な出来事だけ書き留めます。サテライトと見做される物（alleged satellite）、流星と見做される物(alleged meteorite)をいちいち書き留めていたら、もし空での活動が活発な夜だったら、疲れてしまうでしょう。それはそうとしても、後でそれを全て数えるのも面白いかもしれません。

紙に書くのなら、先に赤い光が点く"pilot's pen"を買うといいでしょう。この光は他の人の邪魔にならないし、闇の中では便利な光です。一本 $5 Amazon

スマホに打ち込む場合。赤いフィルターを点けて暗くても見えるようにする。もし、iPhone なら, このサイトに行く：https://www.skyandtelescope.com/observing/stargazers-corner/red-light-filter-for-iphone/. Android phone なら, "Twilight" と言う、アプリケーションを試してください。

小さな録音機も役立ちます。Olympus 製の小さな録音機は人気があります。

用具と器具

椅子か、毛布(上に座れるもの)と枕

私の気に入りは半分の高さの折りたたみ式の椅子で、背もたれを後ろに倒せるものです。背もたれを後ろに倒すと、とてもリラックス出来、大きな空が見えます。この種の椅子は軽くて、肩に掛けられるように紐が付いていたり、器具を入れるチャク付きポケットの有る型もあります。とても便利！私たちのグループの何人かは、'無重力'型の椅子を使っています。これは、前記したのより、まだ、もっと心地良いもので、そして、とても長持ちします。ただし、重いです。とは言っても普通の野外用の椅子でも十分です。

寝袋か毛布（体を包むもの）

寝袋は毛布よりずっと暖かいです。暑い夏の日でも気温が急降下することがあります。動いていない時は動いている時より、もっと寒さを感じるのを覚えておいてください。私たちは、寝袋の中でひょっとしたら眠ってしまう程、暖かく居心地よくしているのが大好きです。

暖かい服など

防寒着に身を包む: ダウン（鳥の綿毛）の入ったコート（動物虐待では無い物）やスノー・パンツのように断熱のある、服の上に着るもの、あるいは、ズボンの下にはく長い暖かい下着、手袋（嵌めたままで器具が使えるもの）、毛糸で編んだ帽子、など。

懐中電灯

ヘッドライトがあれば、とても便利です。なければ、懐中電灯か携帯を使います。その時は赤い光を推薦します。天文学者たちは彼らの星を見るパーティーで、赤い光を使います。彼らの自然な夜の視覚力を損なわないようにするためです。

蚊除け

ETはどうも蚊に対する強い影響力を持っていないようです。貴方がユーモアを解する心を持ち合わせていなければ、蚊はCE-5を台無しにする可能性があります。自然のものであれ、他のものであれ、蚊除けを忘れないでください。それで貴方は大丈夫です。

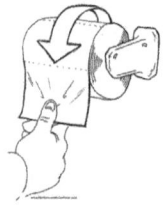

トイレット・ペーパー

遠隔地でのCE-5の間に起こり得る生理的現象のために。

楽器の類

シンギング・ボウル（水晶製、チベットの金属製）、didgeridoo(ディジュリドゥ)、ティングシャ(チベットからの、2つのベルがセットになったもの等々。

神聖な物

水晶やその他、個人に取って重要な意味を持つもの。これらの物を輪の中心に置いた小さなテーブルの上に置いてもよい。

双眼鏡

近くのUFOの型を見定めるために持ち歩くか、重いものは三脚の上に固定する。映像安定'image stabilizing (IS)'の双眼鏡は、あれば素晴らしいが値段はもっと高い。

夜景用の双眼鏡、眼鏡、一眼鏡

どうしても必要な物ではないが、殆ど全ての人が欲しいと思っているもの。 これらの物でオーブや他の現象を見る事が出来る。私の友達はこれらの器具を使って、小さな、翼を持った生物が彼に向かって飛んでくるのを見た。そして、彼は"今、XXX妖精を見た"と叫んだ。(行儀作法は、誰かが本当に驚いた時には何処かへ消えてしまうことが多々ある)。最高の物は軍用級の物で、Gen 3として知られている。数千ドルする。デジタルの種類はもっと安い。 頭にバンドでつけられる便利さを考慮し、軽い夜景用眼鏡を選ぶ。夜景用の道具の多くは、写真やビデオを撮ることができる。推薦する機種については46ページの"夜景用ビデオ・カメラ"の項を参照。

瞑想のための音響、ミステリー・サークルの音、音楽、等を聴くための器具とスピーカー

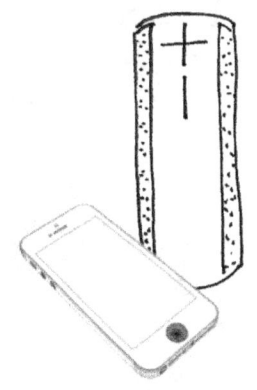

私たちはスマホで録音された音響を聞くが、他の音楽を再生する機具も使える。私はまた、スピーカー（Boom 2)を持っています。これはとても素晴らしいが、素晴らしく高価でもある($300)。買う価値のある、私のお気に入りの所持品の一つである。瞑想のために録音されたもの、あるいは歌などを簡単に手に入れる方法はYouTubeで見つけ, urlをコピーし、それから, YouTubeからmp3に変換するサイトに行く。こんなサイトは沢山ある。創ったばかりのmp3をコンピューターのライブラリーにダウンロードし、携帯にsyncする。

レーザー・ポインターを使わないで！

(この2頁をとても、とても注意深く読まない限り)

レーザー・ポインターは役立つ上に面白いが、また、とても危険でも有り得る。極めて注意深く取り扱わなければなりません。一時的なあるいは永久的な目の傷害 はとても危険なものです。貴方には3つの選択肢があります。

1. 一人か二人の経験を積んだ、そして、とても慎重な人だけを強力なレイザー（5mW 以上) を使う人に指定します。しかし、この選択肢は殆ど勧められません。真実レーザー・ポインターの危険を知っている専門家でさえも、間違いを犯すことが有りうるからです。（mW＝milliwatt）

2. グループのすべての人が適切な眼鏡をかけた上で、強力なレーザーを使う。(そうすると星や闇の中の光をみる能力が低下するかもしれない。私たちは、試した事はありませんが)。ポータブル・レーザーは、しばしば安全眼鏡が付随して来ますが，その眼鏡は暗過ぎるでしょう。

3. もっとも簡単な選択肢は、グループの規則として、すべてのレーザーを 5mW 以下にして眼鏡なしで済ませることです。 もし、レーザーが 5mW か、それ以下であると**保証されていれば、肉体的な傷害 は起こりません**。 そうです。これらのレーザーは力が弱い方です。でも、このレーザーでも暗闇の中で十分か、それ以上の働きをします。

測定した光学的出力を保証出来る売り手から**のみ買ってください!!!** 2013 年の研究では 90% のレーザー・ポインターには実際より高い品質表示が付いていました。ということは、容易に実際より低く表示されることも有り得るということです。安いレーザー・ポインターは安定した電源を持っていないので、信頼に足るテストが出来ません。また、安いのには赤外線のフィルターが無いかもしれないので、反射する表面の周りで使うのは危険かもしれません。色は緑が良いでしょう。 (532nm). この波長は暗さに慣れた目には最適で、赤のレーザーより 35 倍も明るく見えます。 (おなじ強度で)。

決して、飛行機やヘリコプターや人間の飛行体と思われるものにはレーザーを当てないで下さい!
カナダでは、これは国家的犯罪であり、10 万ドルの罰金か、あるいは、その上に 5 年の服役刑が課せられます。USA では 25 万ドル程の罰金か、あるいは、その上に最高 25 年の服役刑が課せられるかもしれません。 もちろん罰は受けたく無いでしょうが、本当にしたく無いのはパイロットを盲目にすることです。UFO をレーザー・ポインターで指す時、大きな円をその周りに描きます。(それとも、その横を指す)。例え、それが人間の飛行体ではないと確信しても、直接それにレーザーを当てないで下さい。 ET にも目は有ります。もしかしたら。

安全眼鏡：
私たちは安全眼鏡を使った事はありませんが、もし貴方が使うのなら、レーザー・ポインターの色や強度に合ったもので、夜間用の物である必要があります。以下のサイトに、飛行家による安全眼鏡の使用についての良い批評が載っています。 (研究所の技士ではなく):
http://www.laserpointersafety.com/laserglasses/laserglasses.html このサイトには Sperian 社 の Laser-Gard ($99 USD) と Flash Fighters ($239 USD) があります。

レイザー・ポインターの好評な売り手

Zbolt　http://www.z-bolt.com/
- "Constant On/Off Green Laser Pointer" $48 USD, 電池：AAA , 保証された強度：4mW と 5mW の間
- "Astronomy Green Laser" $58 USD, 電池：CR123A (これはリチュウム電池で、アルカリ性電池より寒さに強い。保証された強度：4mW と 5mW の間

Laserglow　https://www.laserglow.com
- "Anser Series" 5mW 532nm $39 USD, 電池：AAA, 保証された強度：3mW と 5mW の間、オーダーする際にコメント欄に貴方の希望を書くと、4.5mW と 5mW の間のものを送ってくれるかもしれない。
- 彼らは安全眼鏡とパイロット用 Glareshield (眩しい光を遮断する)の夜間用も扱っており彼らの推薦です。"AGS5323PX" here: https://www.laserglow.com/AGS.

Laser Points http://www.laserpoints.com
- "SKY 5mW 532nm Green Laser Pointer Pen" $39.99 USD, 電池：AAA, 注文する際、4 mW と 5mW の間であるかテストをするよう依頼する。そして、赤外線フィルターを付ける様に頼む。

Laser Classroom http://store.laserclassroom.com/
- "Classroom Green Laser Pointer" $35 USD, 電池：AAA, 保証された強度：3mW と 5mW の間とされているが、注文するとき確認する。
- また、携帯用のレーザー・プロジェクターも$15 で売っている。

レーザー・ポインターを安全に使う方法

それでは、レーザー・ポインターの便利さを見てみましょう。それに面白さも。

- グループに方位磁石の基本的なポイントである北、南、東、西を指す。
- 星のパーティでの天文学者のように、天体の物体、星、星座、惑星などを指し示す。
- レーザー・ポインターは夜空の中の異変を指摘するのに便利です。例えば、フラッシュボルブがちょうど消えた場所、小さな、見つけ難いサテライトと見做される飛行体、等々。
- CSETI のオリジナルのプロトコルでは、レーザー・ポインターはグループの正確な位置を ET に示すために使われた。"此処に居る!" これをするには、夜空に知性的な型を描く。三角とか、円とか、無限マークなど。また、一つの言葉につき一回レーザー・ポインターを点滅する。"此処 - に - 居る!" という様に。これをイベントの始めにし、その後も時々繰り返す。ET に貴方の居場所を示すのは面白いが、そうする必要は無い。彼らは貴方がどこに居るか知っているのだから。
- 地上の物では無いという確信が持てない UFO にもシグナルを送ってみる。(安全のためその UFO の横に描く)。簡単なパターンのシグナルを繰り返す。(例えば、短く三回点滅する)。もし、返事のシグナルを受け取ったら、もう一度同じシグナルを送る。おめでとう！ 貴方は宇宙船との繋がりを付けることに成功した。その後は、事前に決めておいた、UFO が着陸して欲しい地点を指す。 もし、とても運が良ければ。
- 役立つヒント：AAA 電池を使うレーザー・ポインターは冷たくなる可能性がある。その時は手で温めて、機能を高める。

アプリ

iOS と Android 両方のスマホ用のアプリは数多くあり、間違いなく交信活動に役立つ。色々ある中で、幾つかのアプリは空中の人工の飛行機・物を区別するのに役立つ。出来たら、インターネットが必要でないアプリを探してみてください。それから、野外イベンドの間、すべての人の携帯の airplane mode をオンにしてもらう。そうすると、もし、何かの電子的な道具が使われた時(これについては、下記参照)、電磁気の妨害が起こるチャンスが減る。下に記したカテゴリーには夫々に沢山の違った種類のアプリがあります。(技術の進化に伴いアプリは現れたり、消えたりするが、とにかく貴方が始めるのに参考になる様に幾つか推薦します。もし、もっと良いものを見つけたら、教えて下さい!) 大半のものは買う前に試す事ができるようです。多くは無料だが、より精巧なものや、アップ・グレイドするには多少の支払いが必要かもしれません。レビュー（評価）で確認してください。

サテライト探知

サテライトを指すと、名前がリアル・タイムで表示されるアプリを見つける。これで確認が容易に出来る。幾つかのサテライト・アプリはデーターベースに繋がっているので、野外でインター・ネットが必要になるかもしれない。他のは必要ない。軍のサテライトやスパイ・サテライトは多分表示されないことを覚えて置いてください。次のアプリを参考までに見る: SkySafari 5 (iOS/Android), Sky Guide AR (iOS), Stellarium Mobile (iOS/Android)

飛行機探知

このアプリは近くを飛んでいる登録された飛行機の航路、出発地、目的地、機種、そして高度、などを表示する。当然ながら軍の飛行機を探知しないので、スパイ飛行機、ジェット・戦闘機や Air Force One(USA の大統領専用の飛行機)などは表示されない!!次のアプリを参考までに見る: FlightRadar24 (iOS/Android), Plane Finder-Flight Tracker (iOS), Planes Live (iOS)

イリジウム閃光（Iridium Flare）の探知: 過去の楽しみ、今では死物

残念ながら Iridium Flares （サテライトの一種）は今では過去の物となった。これらのサテライトの最初の世代は 1997 年に発射され、鏡の様なドア位の大きさのアンテナが付いていた。このアンテナは、太陽が瞬間的に反射すると明るく輝くのに完璧な角度にあった。第２世代は "Iridium NEXT" と呼ばれ、新しい幾何学的なデザインであり輝くとは考えられない。もしかしたら、まだ小さな輝きを見るかもしれない。しかし、サテライトは以前ほど緻密に制御されていないので、正確なタイミングは計算されない。新しいのは既に完全に作動しているので、もし、貴方がこのアプリを持っているなら、削除しても大丈夫。

星座

星座や惑星、そして星を知ろう。幾つかのアプリは Hubble Telescope と International Space Station (ISS) の場所も表示する。International Space Station は常時３人から１０人の様々な国の人が居て、調査と実験をするところなのを知っていますか? 今までに１７カ国から宇宙飛行士や宇宙旅行者が訪れており、2000 年 11 月以来、いつも誰かが住んでいます。参考アプリ: SkyView Free (iOS/Android), Sky Map (Android), Sky Walk 2 (iOS/Android), Night Sky (iOS), Night Sky Lite (Android), Stellarium Mobile (iOS/Android), Sky Guide AR (iOS), Sky Rover (iOS)

光公害地図

光の公害がましな場所を見つけるのに良い。誰もが、もっと天の川を見たいでしょう？次の参考アプリを見る: Light Pollution Map (iOS/ Android), Dark Sky Finder (iOS), Dark Sky Map (Android), Scope Nights (iOS)

天気予報/空の状況

雲の動きに重点を置いている、信頼できる、天文観測者のための天気予報。参考アプリ: Weather Underground (iOS/Android), Clear Outside (iOS/Android), Astro Panel (Android), Scope Nights (iOS)

デジタル音響録音アプリ

野外活動、ミーティング、あるいはメモを録音するのに役立つ。参考アプリ: Smart Recorder (iOS, Android), iTalk Recorder (iOS)

ET との交信の道具

CSETI が作ったもので、このアプリには瞑想、ミステリー・サークルの音、磁気計測器や方位磁石について、そして、それらを野外活動でどう使うかの一般的な指導が含まれている。(iOS/Android)

ESP （Extrasensory Perception)の訓練法

NASA と Stanford Research Institute が、このアプリを人々の霊能力を増強するために開発した。一年を通じてのプログラムで 145 人の受講者が彼らの成績を上げた。その内の 4 人は 100:1 の割合い以上の成績だった。もし、貴方の成績がしばしば 12 か、それ以上だったら、開発者に手紙を出すと良いでしょう。 http://www.dojopsi.com/contactrussell.cfm (iOS)

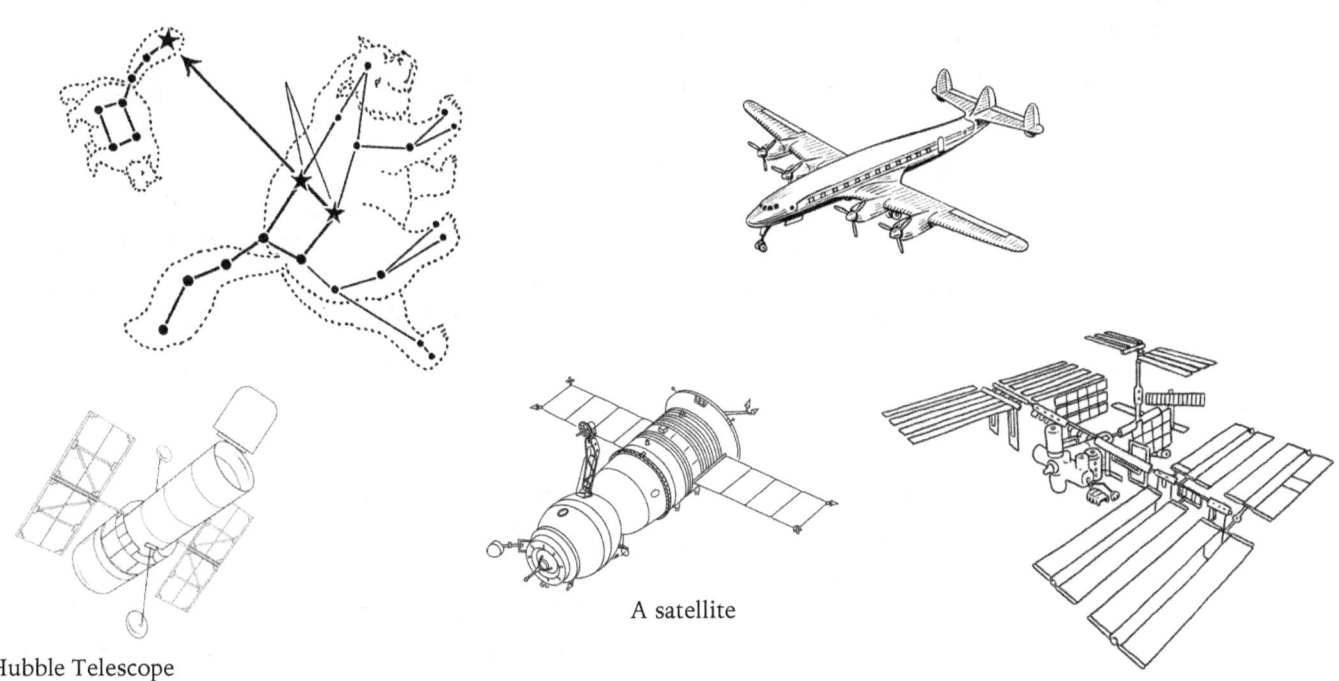

Hubble Telescope
Image Attribution:
http://www.supercoloring.com/coloring-pages/hubble-space-telescope

A satellite

International Space Station

交信を受け取るための道具

私たちのグループはあまり技術には詳しくありません。次の情報は主に、私たちの技術通の先生である Deb Warren からのものです。彼女は BC 州の Vernon に住んでおり，長年 CE-5 をしています。

CE-5 をしている多くの人は ET からの交信を受け取るために色々な道具を使います。 これらの道具を使うには、まずスイッチを入れる、設定を調節する、そして"ビーッ"という音、あるいは其の道具がするべき反応を待つ。これらの道具は自体では消すことが出来ず、また、何らかの外部からの入力が無いと反応しません。遠隔地では、これらの道具を消す事のできるものは何もありません。電磁気学の専門家に聞いて見てください。

- 道具が作動している間は携帯やテレビなどを消す。
- 時として、道具は目撃と関連して作動する。
- ET からの発信の解読:
    - "ビーッ"という音が 1 回 = No (放射能測定器の場合は、あるいは沈黙)
    - "ビーッ"という音が 2 回 = Yes
    - "ビーッ"という音が 3 回 = "We Are Here"

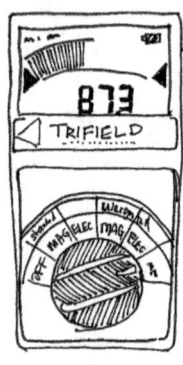

EMF メーター(Electromagnetic Field Meter) $21 - $245 USD

EMF メーター (Trifield メーターともいわれる)は電気を帯びた物体から放射される電気を探知する。 通常の生活では、EMF メーターは電気配線や高圧電線の問題を見つけたり、電気の遮蔽物の効率を測ったりするのに使われる。だから、もし貴方が僻地に居てこの器具が反応を示したら、これは変だ。

AlphaLab Inc. 製の Trifield 100XE meter は多くの CE-5 グループの標準的な道具だった。現在 AlphaLab には新しいモデル, TF2 がある。
https://www.trifield.com/product/trifield-emf-meter/ $168 USD.

この新しいモデルは"歌う"代わりに"ビーッ"という音をだす。貴方が、もしアナログ音の方が良ければ、古いモデルを探す。そして、売り手に音がするのが欲しいと必ず言う。 というのは、それは追加されたオプションだったから。 (音のするメーターには'メーター自体が出す雑音を調節するツマミ'が右側についている)。 もし、運が良ければ、赤い灯の付いているのが見つかるかもしれない。これは暗闇の中で数値を読むのに便利である。新しいのには赤い灯の選択肢はない。これを改良ではないと思うのなら、注文のさい製造会社にそう伝える。製造会社として、彼らは大変 責任感が強く、すでに TF2 の音量を最初の製造後に改良している。

古いモデルは "Magnetic Setting 0 to 3 Range" に、新しいのは"Weighted Magnetic"に設定する。 この器具は人間の磁気場を感知するので、側に居る人を感知しないように十分低く設定する。 貴方の手を近づけたとき音がするように設定する。そして手を遠ざける。その後、もし誰もその器具を触ろうとしていないのに音がしたら、それは異常な磁気場の変化である。 器具のテストをするには静かな設定にして、電気の差し込み、テレビ、あるいは電子レンジなどに近づける。

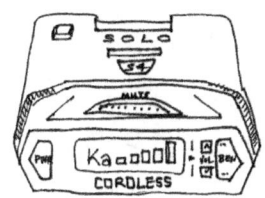

携帯レーダー探知機（Portable Radar Detector）　$70 - $300 USD

車のレーダー探知機なら、どれでも十分です。 ETが送信している時、この器具は貴方が高速を走っているときとは、大変違った特殊な音をだす。高速道路(より鋭い) か、市街(より鈍い)に設定する。 もし、2台以上ある時は前もってテストをして、互いに影響を与えないようにする。野外では、レンズを互いに向き合わないようにする。もしかすると、ポシティヴの反応を起こすかもしれないので。 S4 unit を試して見る。: https://www.escortradar.com あるいは、 http://www.radarsource.com.

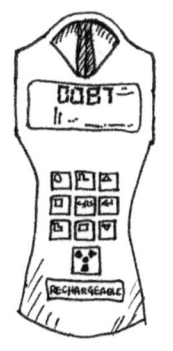

放射能探知機（Gamma Scout Geiger Counter）　$100 - 440 USD

放射能を捉えれば、見えない地球外飛行物か、その着陸地点を探知できるかもしれない。ETは放射能を交信の道具に使うかもしれない。この器具は点いている間、不規則に甲高い音をだし、"Yes" の時は其の音が二倍になり、"No" の時は沈黙する。充電可能の種類は3年に一度充電すれば良い。
https://www.gammascout.com/collections/geiger-counters

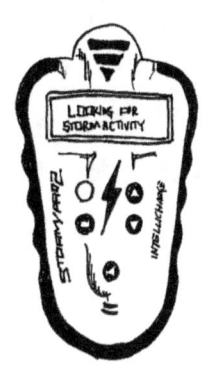

携帯雷探知機（Portable Lightning Detector) $26 - $499 USD

雷探知機は通常80km以内のイナズマの落下を探知するのに使われる。もし、この器具がイナズマの落下を捉えたら、 実際はETの飛行物体が 強力な電気放射をすることによって突然現れたことを意味するかもしれない。 2012年4月の Marcos Island, Florida でのトレーニングで、デブ・ワラン は音を発しない丸いイナズマをおよそ5km離れたところで見たが、 雷探知機は全く反応しなかった。そして次の夜、イナズマの嵐が40km離れたところで始まり、それが1.6kmまで接近している間、雷探知機はイナズマが走る度に音を発した。前の晩はETが何かで電気放射を遮断していたのだ。そして比較のために、次の晩は本当のイナズマの嵐を通らせたのだ。 購入するには:
https://www.ambientweather.com/sptb2iy.html

デジタル屋外用温度計: $12.99 USD か、それ以上

屋外で気温と湿度を測定する。もし、気温が急に上がったら、ETの宇宙船が頭上にあることを示しているのかもしれない。もし気温が下がったら非物質化した宇宙船の中にグループが居るのかもしれない。 これはどこでも売っている。

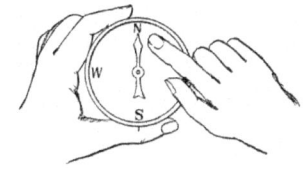

方位磁石~$10 か以上

簡易なもので十分。何かに影響された時は針が北の代わりに南を指す。

目撃を記録する器具

なぜ、殆どの UFO のビデオ が、ぼやけていたり、揺れていたり、不完全なのか分かりますか? なぜなら、UFO をビデオに撮るのは、むちゃくちゃ難しいからです。真夜中で何も見えず、手袋をはめている、どのボタンが何をするのか忘れてしまった、その上 UFO をカメラを通して見つけられない等。そして見つけたとしても、貴方は興奮しているので上手く後を追えない、或いは、貴方のカメラはピントが近く設定されているので電光の速さで動く空のアメーバーを顕微鏡で探しているようなものだからです。UFO がカメラの視界から消えたら(貴方がカメラを揺れ動かしているから、あるいは貴方が本物を目で見ようとして見失ってしまったから)、もう一度見つけなければならない。私個人としては、グループを指導しながらビデオに撮るのを諦めました。それは複雑過ぎるので。もし、貴方が私程まごつくようなら、誰か他の人にビデオを撮るのを依頼するか、もう一人リーダーを作っておくなどして、貴方が記録する時間を持てるようにしておくと良いでしょう。

夜景用ビデオ・カメラ（Night Vision Video Camera）

Luna LN-DM50-HRSD ~$400 USD

- 私たちはこのカメラを持っています。夜景写真とビデオも取れるカメラで，とても便利ですが、とてもピントが近く絞り込まれているので、小さな空の部分しか録画されません。これを使うのは、ちょうど懐中電灯を片方の目に当てるようなものなので、空を観るのとカメラを覗くのを交互にするのは、ちょっと大変かもしれません。http://www.lunaoptics.com

Bushnell Equinox Z ~$340 USD

- 夜景用の一眼鏡で写真もビデオも撮れる。電池の消費が激しいが、外部の電池でなら何時間でも使える。例えば、Limefuel BlastL60, $30

    http://www.bushnell.com

Digiforce X970 ~$760 USD

- この値段は製造者の Pulsar からの最新のものです。写真もビデオも撮れる。また range-finding reticles （レンズにつける十時線) も付いてくる。これにどんな意味がるのか、知りませんが聞こえは良いです。http://pulsarnv.com

iGen 20/20 ~$399 USD

- 広い視界を取るのなら、このカメラを考慮に入れてください。X970 かそれより上のものよりは精密さは低いが、iGen レンズはネジ筋が付いているので telephoto か wide-angle adapter lens を付けることができる。http://www.nightowloptics.com/index.php (右にある "iGen" をクリックする)。

Ranger RT ~ $900 USD

- Yukon Ranger Pro について良い評価を聞いたが、これはもう作られていない。もし, 中古品を扱う店で見つけられなければ、Yukon Optics が売っている Rabger series の他の夜景用カメラを調べてみてください。http://yukonopticsglobal.com/products/

赤外線カメラ（Infra-red Camera）$100 USD か以上

安い Bell and Howell のカメラが Amazon か eBay で買えます。それでも十分です。
検索用語: "Bell Howell IR Night Vision Camera"

古い型のカメラ

- 普通のカメラで UFO の写真やビデオを撮ることが出来る。ISO の高いカメラを使うと良い。

    (ISO: 光に対する感度、ISO が高ければシャター・スピードを速く出来る)。

- 一度、私は一つの "星" が円を描いて動いているのかどうか見るために数枚の写真を撮ったことがある。私が単にそう想像していたのかどうか、わかりません。それらの写真をコンピューターにダウンロードして見ると、不思議にも写真に現れた赤と白の UFO に、もっと興味を惹かれたからです。私は point and shoot, SONY Rx 100 iii, Max ISO 128,000 を使っていました。

- CE-5 の指導者デブ・ワラン は Canon D5 Mark 2 ISO 25,000 で良い結果を得ました。彼女の写真を見るには： Google: "CSETI Joshua Tree jewel like craft."

- 有名な Vero Beach Twin Ships のビデオは Sony A7S で撮られました。この系列のカメラは少ない光の中での目覚ましい撮影能力を持っています。 ISO 100,00 から 400,000。

オーブを撮るための特別のカメラ

オーブを撮りたいのであれば、古いデジタル・カメラで、'hot mirror' technology (赤外線フィルター) のないものが最適です。フラッシュを使う。 *The Orb Project* という 本の中で、調査員たちは Pentax Optio 330 と Nikon Coopix 8800 を使ったと記している。 私たちのグループの一人は Canon PowerShot sd1100IS を使って良い写真を撮っている。オーブの写真を撮るためのヒントは： https://orbwhisperer.com/orb-photography-tips.

赤外線ランプ $15 – 30 USD

夜、夜景用のメガネやカメラ、普通のカメラ、ビデオ・カメラを使うとき、シンプルな赤外線ランプを使うとオーブがよく見える。

現象を写真に撮る方法

ある種の現象は、写真を撮っている時は見えないが、写真の中に現れる。これは、どんなカメラでも出来る。

やり方:

- 非物質的な現象や ET を撮る意図を定める。
- 夕暮れ時がこれをするのに特に向いている。
- 瞑想し、交信に焦点を当て、エネルギーの流れを感じる。
- そして、適当に周りや空の写真を撮る。
- 建物の中なら、薄暗い部屋の写真をフラッシュで撮る。部屋の隅や、また、背景が白くない場所を撮る。後で見やすいので。
- ある種のカメラは貴方の意図と合体し、この目的のために使えば使う程より多くの現象を捉えるとい言われている。

写真

これらは、私達のグループの人達と、この"手引き"に貢献した人達が撮った写真です。

二つの異常な灰色の形状、カルガリー近辺、2016年11月

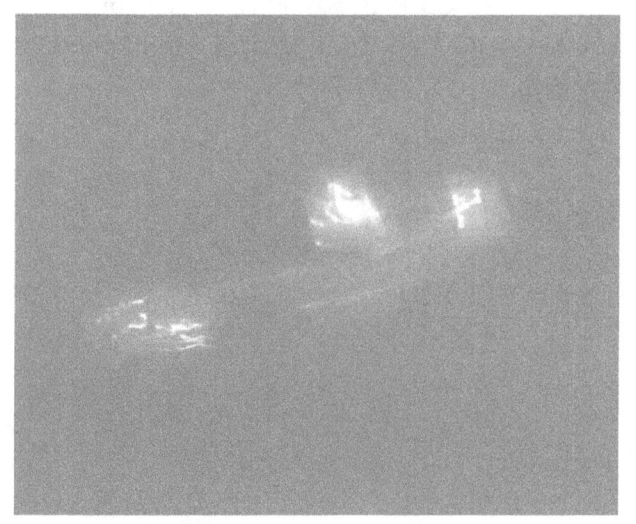

肉眼では見えなかったエネルギー、日本、本栖湖、2015年3月21日

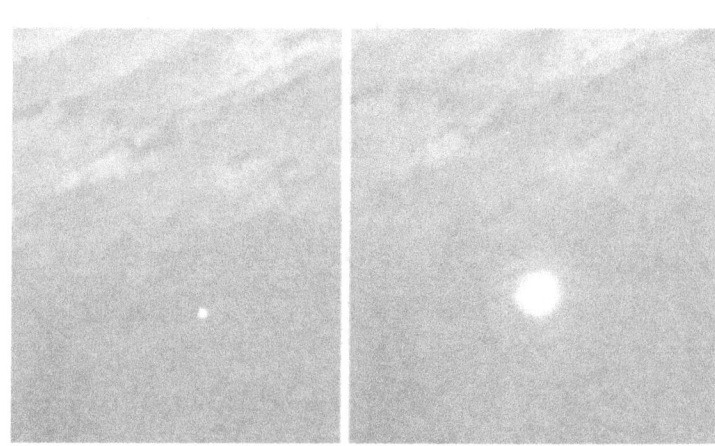

アダムス山の山壁に見えた閃光、閃きの前と後。その場所には道路はない。光の明るさは異常であった。ワシントン州のECETI, 2018年5月。(注: これを撮るのに使われたLuna Optics一眼鏡のような夜景用の器具では、閃光やパワーアップが肉眼で見るより明るく記録される。)

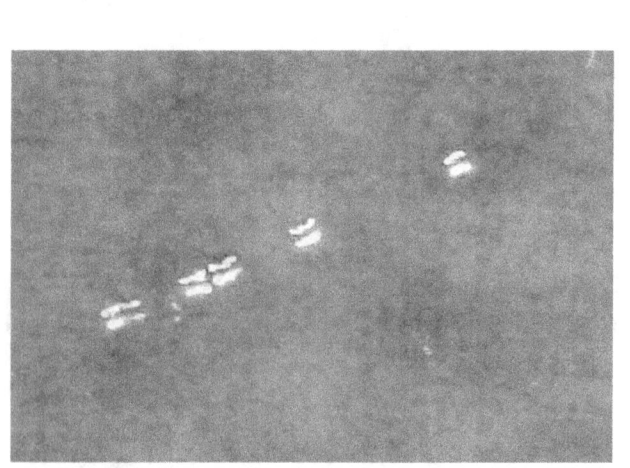

目では見えなかった動いている飛行船の写真を5枚重ねた物、カリフォルニア州、シャスタ山、2016年7月

多数のオーブ、ワシントン州、ECETI、2018年5月

二機のUFOが複数の人達に寄って目撃された。カリフォルニア州、ヴォルカノ、2016年11月

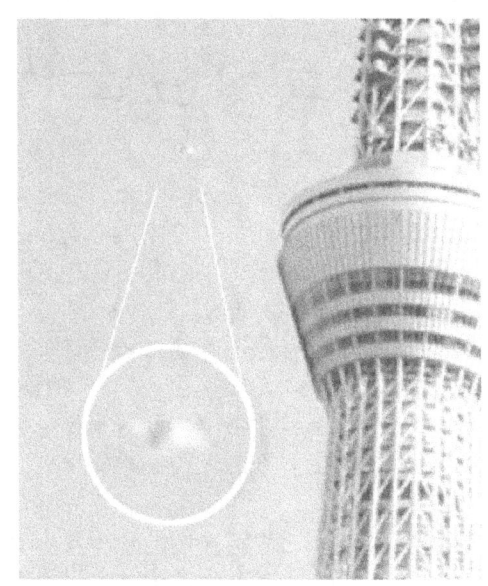
クラシックな円盤型のUFO、東京、2016年11月

UFOは時には雲のように見せかけて隠れる、あるいは非物質化/物質化の過程で雲の様に見えると言われている。ワシントン州 ECETI、2018年5月

ケイコの頭を通り抜けて見える地平線、ワシントン州、ECETI、2018年5月

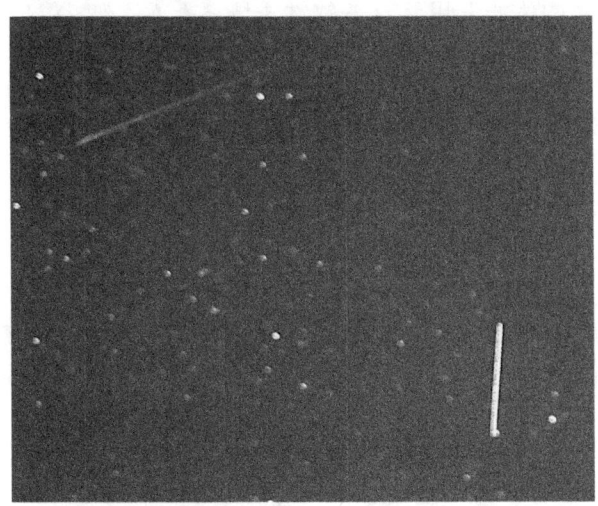
ストリーカーと明るいサテライトと見做される飛行体、カルガリー近辺、2017年8月

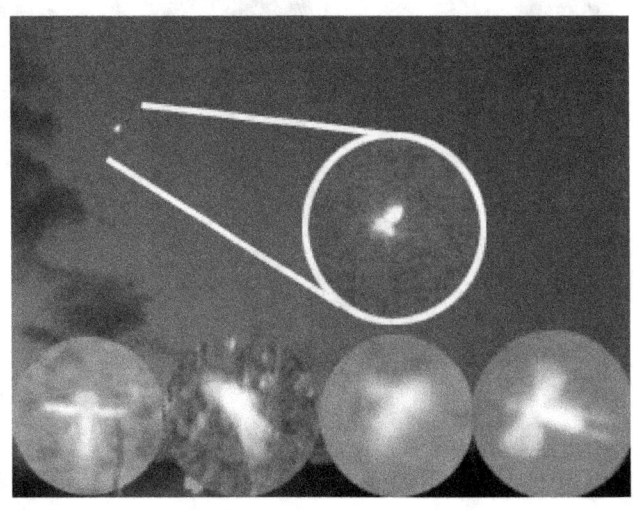
目では見えない不思議な光、ワシントン州 ECETI、2018年5月、そして、アルバータ州バファロー湖、2018年7月

内的なコミュニケーション

この経験はどちらかと言うと'見る'ことよりも自身の成長に関わっているので、特に初めのうちは、外的なコミュニケーションより内的な経験を多くすると思ってください。これは別にCE-5の間にだけ起こるとは限らず、眠っている間、瞑想の間、そして日常生活でも起こります。貴方が好い感じになればなるだけ、貴方自身が拡張していくのがわかるでしょう。貴方が愛を与え、受け取る方法は無条件です。つまり、貴方の信念と状態に依るのであり、他の人や貴方の力の及ば無い状況に依るのではありません。この章は外的コミュニケーション(次章)に比べて、かなり短いです。内的コミュニケーションは個人的で、それぞれが独特であり、通常、完全に伝えるのは不可能です。だから、ここでは短くしておき、貴方自身で体験することを勧めます。

とても基本的なことですが、内的なコミュニケーションと交流は私たちの5感を通じてなされます。もし、貴方が貴方の内に潜在する霊能力(超能力)に気づいていないとしたら、霊的な経験に、意識して気付くように練習する必要があるでしょう:

- 霊視覚：映像、シンボル、オーラ、エネルギー、光、などを見ること。これらは貴方の心の目で見る。
- 霊聴覚：声、音、音楽などを聞く。耳鳴りも含まれる場合がある。言葉だったり、文章だったり、する。それは貴方自身の想念のように感じられる。声は頭の中で聞こえたり、外側から聞こえたりする。
- 霊知覚：体の内外、あるいは周りに何かを感じる。肉体の部分の振動、圧迫などの感じ、エネルギー、誰かに触れられる感じ、感情、振動、誰かが居る感じ、等。これらの感じは微妙だったり、はっきりしていたりする。
- 霊嗅覚：他の人には臭わない匂いを嗅ぐ。
- 霊味覚：他の人には味わえない味を味わう。

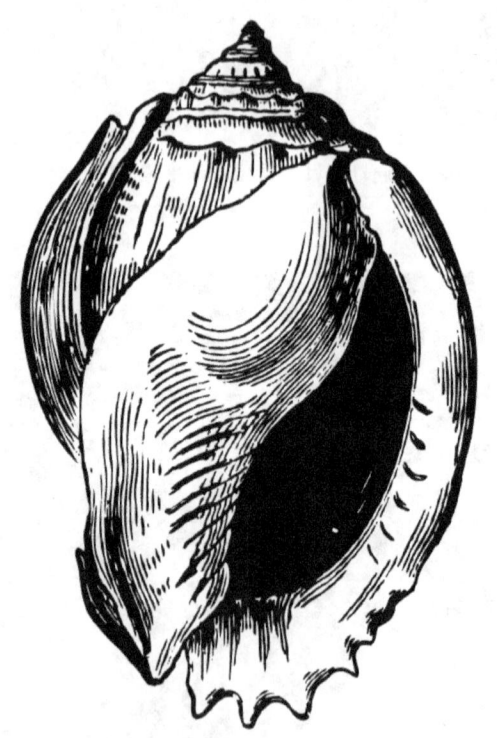

もしかすると、幾つかの種類の霊的なコミュニケーションを一度に経験するかもしれません。それは貴方が、ある"存在"と完全に繋がることが出来たからかもしれません。これは、脳波がアルファかセタ(ジータ)の時、瞑想中、夢の中、あるいは眠りと目覚めの中間で起こり易いでしょう。貴方は、自身では完全に肉体的と思われる感覚を持ったが、他の人たちは何も感じなかったという経験があるかもしれません。この時、共時性が増幅する可能性もあります。エネルギーの流入や高揚、あるいはヒーリングを示唆する肉体的な感覚を持ったこともあるかもしれません。

霊能力を訓練してください：電話が鳴ったら、誰からか当てる。貴方の人生で選択肢がある時、導きを頼み、直感に従う。ESP（Extrasensory Perception)を訓練するプログラムをダウンロードする。自覚のある夢を見る事 (Lucid dreaming) について学び、経験やETを招待し夢の中で会う。

特殊なコミニュケーション

エネルギーのダウンロード：

野外にいる時、急にエネルギーが貴方の体を上下し、ゆっくりと強まるのを感じるとします。同時に、チクチクするような感じを指の先や足に感じたり、胴の筋肉がピクピク動いたりします。ひょっとすると貴方は少し神経質になったり息苦しくなります。これらのサインは全て、ある種の"エネルギーの流入"を示しているのかもしれません。もし、これが起こったらグラウンド(接地)してください。エネルギーに行く所を与えるのです。地に貴方の足をしっかりと付けます。出来れば靴を脱いで。また、グループーの他の人たちと手を繋ぐと良いでしょう。他の方法としては、もしあれば大きな水晶を持つか、大きな木をハグします。深呼吸をし、平静さを保ち、リラックスして下さい。落ち着かない、不快な感じがするかもしれないが、これを特別なプレゼントとして受け入れましょう。貴方はエネルギーのチューンアップ、DNAの格上げ、チャクラの浄化、あるいは特別なヒーリングを受けているのかもしれないからです。また、貴方の体が高次元からのヒーリング・エネルギーを地球に流すための導管として使われた可能性もあります。それが何であれ、貴方は1日、2日の内に、エネルギーの場が開放された感じ、目覚め、そして高揚した気分を楽しむことになるでしょう。何人かの人が、この独特な経験がどんなに彼らの人生を永久に、深く、ポジティヴに変えたかを報告しています。

合体：

リラックスした、波動の高い状態の時、急に暖かさ、チクチクした刺激を感じたり、喜びに満ちた感覚がゆっくり大きくなり、動き、貴方の体中を流れるのを感じたりするかもしれません。これは、貴方が合体を経験しているのを示しているのかもしれません。つまり、非物質化した高次の存在が貴方の生体電気の場と交流していると言うこと。これは存在が貴方にそこにいることを確認させる、彼等に取って安全な方法です。この交流を歓迎し、続けるか、あるいは絶ってしまうかは、貴方次第であり、意思でその選択を示してください。その存在は、また、好奇心を示し、探検や調査することにしたり、あるいは貴方の肉体やエネルギー体と繋がろうとするかもしれない。また、ヒーリングが起こることもあり得ます。多くの人にとって、この繋がりはユニークな贈り物です。

"これは私の想像に過ぎないのか、それとも本当の霊的な経験なのか?"

その答えは貴方の経験したことほど重要ではありません。どっちにしても個人的な意味をもっているからです。しかし、練習するほどに違いがわかるようになります。貴方が真に明瞭な仲介者になると、いつコミニュケーションが貴方の経験に差し込まれたか明白になります。貴方がCE-5に参加している時でも、恥ずかしがらず貴方の経験をグループに話してください。その根源を知っているかどうかに関わらず。科学の世界では、怖いもの知らずで居る必要があります。知らなければ、知らないと言えば良いのです。それに貴方の経験がグループの中の誰かに取っては重要であるかもしません。

外的なコミュニケーション

サテライトと見做される飛行体(alleged satellite)
全てのサテライトには "見做される (alleged) " という言葉が付く。証明されない限り実際そうであるかどうか分からないから。サテライトは遅いスピードで空を移動する。そのうちの多くのものはソーラー・パネルのような器具に太陽の光が反射すると閃光を放つ。 NOSS(Naval Ocean Surveillance System)や NOSS に似たサテライトは２機か３機一緒に移動する。サテライトかどうかを見極めるのは面白い仕事です。幾つかの考慮に入れるべき点を挙げます。けれど多くの時間をそれに費やしたり、真剣になり過ぎないでください。本当に否定できない目撃は貴方の未来に待っているからです。

- サテライトの大きさはメロン位から、トラック位までであり、軌道の地球からの距離は 180 km から 35,000 km まで。 どの大きさのサテライトが私たちの肉眼で見られるでしょう？
- 国際宇宙基地(International Space Station あるいは ISS)はフットボール・フィールドの大きさで、たった 400 km 上です。これは見えます。(実際サテライトでは無く、常時３人から１０人の宇宙飛行士が住んでいる科学調査室である)。
- イリジウム・サテライト (Iridium Satellite) はトラックの大きさで、 780 km 上であり辛うじて見える。(このサテライトの最初のモデルはとても良く見える閃光を放ったが、現在作動している２番目のモデルは閃光を放たないと言われている)。
- 動き：殆どのサテライトは一方向に動きます。地球が西から東に回っているのに従って。軍隊のものはこれに垂直に動きます：北から南へ、あるいは南から北へ。 東から西へ動くサテライトはそう多くありません。 軌道に逆行して発射すると、費用がもっとかかるからです。
- サテライトが "見做される" サテライトかどうかを確かめる一つの方法は、パワー・アップか方向の変更を頼む。貴方達の気持ちを一つにして頼みましょう：幾つものグループが答えてもらいました！
- 幾つかの、"サテライトと見做される飛行体" は明るく瞬いたり、輝いたりする。それは回転しながら動いているサテライトがそのピカピカした部分に陽光を反射させたのかもしれない。それとも、そうではないかも。
- 幾晩かは、とても沢山のサテライトと見做される飛行体を見、他の晩は、殆ど何も見ない。これが何故か、サテライト・アプリケーションでもっと調べてみても良いのですが、宇宙の屑のこともあります。それで 私たちは諦めて "サテライトと見做される飛行体" 自身に 返信を任せることにしました。

流星と見做される光(alleged meteorite)、ストリーカーとして知られているもの
- これもまた "見做される" と呼ばれるのは、それらが流星であるとは証明できないから。ストリーカーについて、もっとも異常なことは CE-5 の夜にその数の多いことです。でも、そう主張するまえに、その夜が流星シャワーが起こる夜では無いことを確かめてください。
- 色々な種類のストリーカーがある。大きさ、スピード、色、見えた長さ等。シャスタ山のリトリートで見た一つは空の端から端まで瞬時に動きました。 また、大きいの、太いの、オレンジ色と緑の、"揺れ"のあるの, そして、一つだったのが前部で二つに分かれたのも見ました。
- ストリーカーは、しばしば、共時的に起こります。例えば、私たちが CE-5 の終りに "ありがとう" と言った時、或いは ET が誰かが言ったことに同意することを示すとき等です。

星と見做される光 (Alleged stars)
"見做される"星は他のすべての星とは反対の方向に動く。この"星"の動きを知るために木などの目印になるものが必要です。これらの"星"は時々瞬きしたり、色々な色に輝いたりします。地平線に近い星も屈折のために輝くのを覚えていてください。(atomospheric refraction の現象)。

フラッシュボルブ (Flashbulbs)
"フラッシュボルブ"は短い閃光で、あたかも誰かが空の上で貴方の写真をフラッシュで撮ったように見えます。とにかく、とても速いです! 誰かが最初のフラッシュを見てグループにその場所を教え、皆でその場所に集中すると、もっとフラッシュが起こることが大変多くあります。時にはフラッシュボルブは一箇所に留まり、時には移動し、移動し続けます。あちこちに動いたり、リズムに乗って動いたり、ジグザクに動いたり、また、一本の線上を動いたりします。私たちは50回以上続いたフラッシュボルブを2度見ました。実際数えるのには多過ぎます。私達のグループの人たちは45回目ぐらいから飽きて、UFOの話に戻ってしまいました。私は私のグループが大好きです。

パワー・アップ (Power-ups)
パワー・アップは、いわゆるサテライト、低飛行体、星、あるいは飛行機みたいなものから始まります。その光が明るさを増したり、大きな明るいオーブが閃いたり、或いは、その周りの光度を上げたりします。素晴らしいパワー・アップのサンプルが Deb Warren の YouTube Channel で見られます：https://www.youtube.com/watch?v=OHC8X4j-i38. このフィルムを見る時、夜景用の道具は光を増大するので、パワー・アップの光度は私たちが肉眼で見るより誇張されていることを心に留めておいて下さい。

低飛行 UFO (Low-fliers)
これは興奮させられる目撃です。空にある他の何よりもっと、もっと明るいのです。これらの光は大気圏の下の方にあるようです。一度私たちが見た中空を横切ったのは、空の端で殆ど止まったように見えたほど、スピードを落としました。

オーブ (Orbs)
オーブとは? 貴方は多分写真の中に光の玉をみたことがあるでしょう。以前は埃に光が反射したものだと説明されていました。しかし、風に逆らって動いたり、スピードを上げたり下げたり、曲線を描いたり、また、エネルギーの高い状況では 戯れているように見えます。それらは動いていたり、止まっていたりして居、色は多種であり、サイズは小さいものから巨大なものまであります。肉眼で見える人もいます。多くの人は夜景用のメガネで見ます。(ECETI では、James が気前よく使わせてくれる、数千ドルもする夜景メガネで見ることができます)。 古いデジタル・カメラ (赤外線フィルターの無い物) はオーブを屋内、屋外ともで撮るのに使えます。フラッシュを使ってください。 (その際にはグループに知らせてから)。 また、簡単な赤外線ランプを使うと、ゴーグルで見る時、あるいはデジタル・カメラで撮る時に容易にオーブが見つけられます。 個人で、そしてグループでオーブを招く事ができ、また写真の中へも招待できます。貴方はどれだけ来たかに驚くかもしれません!

プローブ (Probes)
コンタクト・グループの近くまで来る小さな光。グループの輪の中にまで入って来たり、 小さなキラキラする光となって現れたりするかもしれません。それらは知的で、情報を集めているのかもしれず、また、単に"Hi"と言っているのかもしれません。

歪んだ空 (Distorted Sky)
空を熱気が移動しているように見える部分。または、チカチカしたり色が付いていたり暗かったりする空の部分。

人工の機械を除外する
- 飛行機やヘリコプターにはナビゲーション・ライトとフラッシュ・ライトが付いている。低く飛び、速度と操縦に限界がある。音を出す。
- 無人飛行機（ドローン）にはライトが付いていたり、付いていなかったりする。音は出すが、近くにいなければ聞こえない。速度と機能に限界がある。それ程高く飛ばすのは禁止されているが、それにも関わらず高く飛ばす人が居る可能性はある。

ETの宇宙船? それとも軍隊の宇宙船(Alien Reproduction Vehicle あるいは "ARV") ?
軍隊は、墜落したUFOを模写して作った宇宙船隊を隠し持っている。私の友達の一人は軍隊の上級秘密特殊任務に就いている人と結婚している。彼女の夫はArea 51でそれらを見たと言う。(彼は、もし誰か計画する人があれば、百万もの人たちが基地へ行進し、軍隊が隠している物を見せるよう要求することを奨励している)。 空中でのARVとET宇宙船の違いは判るか? 多分、判らないだろう。が、軍隊は私たちのテレパシーでのリクエストに答えないだろうと推察する。
ARVsとET宇宙船のどちらもが出来ること、どちらにも共通の外観。
- 直角に曲がる、後退する、止まって又動く等。飛行機、無人飛行機やヘリコプターには不可能な事。
- パワー・アップをする。
- 信じ難いスピードを出す。
- フラッシュする光（strobe)が無い。

グループで見た否定不可能な目撃：コスタによるシャスタ山でのリトリートでのこと。数人が、10個の光が完璧な二つの編隊を組み、音を立てずに前後して同じ航路を地平線上に進むのを見た。 また、私たちは、明るい光が動き、止まり、動き、止まり、そして、一瞬で消えるのを見た。他の時には、雲を明るく照らすほど低く飛んでいる光を見た。あれは低飛行UFOだった。その後、それをもう三つ見た .... 極めて明るい光が私たちの上空を飛び、そしてスピードを落とし地平線では殆ど止まった。私たちはフラッシュボルブも確実な目撃と見做す。

執着を手放す
UFOの正体をハッキリさせることや、また、それが何処から来たかなどを知るために多くの時間を費やするのは止めましょう。証拠が明確でない時、なぜ立証する必要があるでしょう? 実際には飛行機であったかもしれない可能性を受け入れ、貴方のエネルギーを否定仕様のない経験のために残しておいて下さい。 CE-5 Facebookのグループは、いつも何人かの災いを招く人を惹きつけるようです。誰かの見た物の判定に疑問があり、その見た人に対して過酷に振る舞うタイプであったら、その人自身は多くの目撃を経験できないでしょう。なぜなら、過酷である事は低い波動だからです。

"なぜ光を見るだけで、円盤や三角形の飛行体を見ることが出来ないのか?"
UFOの間近の目撃は最近減りました。子供の時、あるいは昔、UFOを見たことのある人に聞いてみてください。びっくりするような話が聞けるでしょう。私たちのグループの一人の話：12面体の飛行体で、上部が下部とは反対方向に回っている物を見た。 巨大な黒い三角形のものが広大な部分の空を覆っていた。金属製の飛行体が霧の中で手が届きそうなほど近くにあった、等。古いUFOの目撃は過激です!

なぜ、今は遠くの光なのか? それは多分安全のため。 ETが余り近くに来られないのは、空域(特に北アメリカの空域)の警戒が厳重だからでしょう。軍はもし、それらを見かけたら 打ち落すでしょう。彼等の安全を考慮すると、私たちのグループと関わる宇宙船の多くは、この銀河の遥か向こうからやって来た生命体が操縦しているのではなく、進歩したAI（Aritificial Intelligence)技術により遠隔操作されている可能性が大です。

存在との出会い：
今日まで、CE-5 の間に存在と彼らの飛行船の中で直接会ったことはありません。しかし、私の隣人で友達でもあるシャーマンの女の人は、ある熱帯地域の神聖な場所で、ある存在と面と向かって会った事があります。そばに居た他の何人かもその存在を見ています。友達はその存在を見た時、涙が溢れ出ました... その存在はゆっくりと後ずさりし、ジャングルの中へ消えました。それは様々な理由で強烈な経験だったことでしょう。涙の理由とは多分、深い安心感、圧倒的な愛情、そして、長い間疎遠だった銀河の家族と再び合一することへの切望等、だったのでしょう。

私たちの大多数はシャーマン達のようには、存在との出会いの準備が出来ていません。私たちは自然な感情として未知の、あるいは異なった物への恐れを抱いています。その上、私たちはマスコミによってETは敵愾心を持っているとか、悪魔であるとか、と思い込まされています。

グループとして出会いのための準備をするのは良い練習です。本当にリラックスして集中した状態になる。そして、各人が存在と会うところを想像するのをお互いに助ける。(例をこの本の瞑想の部分で見つける)。

もう一つの良い練習は、日常生活でETに出くわすことを想像することです。ETがあちこちの角に居たり、階段を登り降りしていたり、コーヒー・ショップに居たり、交通渋滞の時、貴方の前の車の中に居たりするのを想像してみてください。ETの写真を貴方の家の壁に飾ることも出来ます。これらをする事で、ETとの肉体的な接触を、恐れや不安を持たずにするための精神的、感情的準備をしているのです。また、貴方の信念体系は、これらの小さな存在が事実自然で、普通で、平凡であるという事を認識するように変わります。この練習は、生きたETに会うのは不可能だという無意識の深い信念を解放するのに役立ちます。

CE-5 であれ, 日常生活であれ, 貴方は, ゆっくりと存在との出会いに貴方を導く現象に気づくかも知れません：サラサラという足音を聞く、第三の目か何処か体の部分などに優しく触れられる感じがする、あるいは息の音を聞く、など。存在は非物質な形で現れるかもしれない：次元を行き来する形、たとえば、キラキラする光、オーブ、エネルギー体、暗いか、ぼんやりした形など。また、彼らは完全に物質化してあらわれるかもしれない。彼らの自然体として。これらのコンタクトの間、普通、深い愛の感覚が感じられると報告されている。テレパシーでのコミュニケーションがあるかどうかに関わりなく。

目撃以外の現象：
- 気温の変化。貴方の体温か周りの温度がかなりの幅で上がったり、下がったりする。
- 気圧の変化。大抵の場合、耳で感じる。これはETの飛行船が頭上にあるからかもしれない。
- 天気の変化。例えば、風が強くなったり、弱くなったりする。
- 体が震えたり、痛みが起こったり、あるいは自制できないほど落ち着かなくなる。
- 体の毛が逆立つ。
- 音。ブーンという音。カチカチいう音。動物が人間やETに応答する声。
- 涙が出るほど強い愛を感じる。
- 電子機器や電灯が勝手に点いたり、消えたりする。歌が機器から勝手に流れる。
- 異常な形や色の雲、異常な動きをする雲。

役に立つヒント
- 目撃や現象が起こったとき他の人たちに話すことを奨励する。人は、しばしば引っ込み思案でグループの邪魔になるのを望まない。だから彼らが経験を分かち合うのはグループの利益になることを保証する。しかし、もし、その人が神経質になり過ぎていると感じたら、話さない選択肢を上げる。話すのは義務ではないから。
- 良くあることだが、人々は自分自身の目を信じない。で、実際にそれを自分が見たのかどうか確かめるために、いつも他の人に尋ねる。
- 瞑想の最中でも何か見たら知らせるよう頼む。誰かが"あっ、凄い！"と言うと、その凄さが感じられるでしょう。そして、瞑想を続けるか、瞑想を止めてもっと何か起こるか空を見るかする。

伝統的な夜空の現象を見逃さないで：
- 星座、星、惑星、International Space Station(国際宇宙基地)、Hubble 天体望遠鏡、Northern Lights (オーロラ)
- 天の川：大自然の中へ分け入り、豪華に輝く私達の銀河を見る。
- 大気圏の屈折作用(atmospheric refraction)：地平線の近くに有る星は、地球の何層もの荒れ狂う気流を通して輝いて見える。屈折作用が与える興味深い効果をこのビデオで見る。
https://vimeo.com/188149183

オーラの下を航海しているバイキング
Gerhard Munthe, 1899

*"なぜ、幾つかのUFO目撃は疑問視されるのか? なぜ目撃は明白なものではないのか?
なぜ'見做される'が付くのか?"*

初歩の段階では目撃の判定は難しいはずです。なぜなら、目撃は誰にでも出来るものですが、私たちの殆どが"宇宙人"に対する根深い恐れを抱いています。でも、何かを見て、それが人工のものか、自然現象か、それともUFOなのか想像するのは、恐ろしいことではありません。初歩の段階での目撃には、また別の目的があります。それは信念への架け橋なのです。あれは、思った通りのものだったのか? あれをUFOと信じられるか? それは、貴方が先端を抜け出るのを助け、ゆっくりと全体へと導いてくれます。また、それはまだ準備の出来ていない人々を除外します。それらの人々は簡単に無視し、再考もしません。なので、様々な人たちで構成された大きなグループでは、同じものを見ても大変違った解釈が出て来ます。人生とは色々な経験をし、選択した現実を創造することに他なりません。初歩の段階での目撃は、それぞれが独自のもので良いのです。

"何人かの人は見ることが出来るのに、私は、なぜできないのか?"

人々が空の同じ所を見ている時、一人がとても明るいフラッシュボルブを連続して見ても、その人の隣の人は何も見えない、という事が良くあります。あるいは、貴方がCE-5から離れた途端、残った人たちが何かを見るという事もあります。まったく不愉快なことです。でもそれは、そうであるべきものなのです。貴方はまだ準備が出来ていないか、貴方に取って適切な時ではないか、あるいは、貴方が瞬きしたのかもしれません。

犬は私たちが聞こえない音が聞こえます。目撃も同じ事です。私たちの肉眼は電磁スペクトルにある物の大変小さな範囲しか見る事が出来ません (約0.0035%)。UFOについては、ETがやって来た、そして通常居る世界は私たちの世界とは違ったものであり、私たちの殆どはそのような高い波動のレベルを見ることが出来ません。だから、彼らが自身を調節して降りてくるか、私たちが上昇しなければなりません。貴方は、多くの人がしたように、貴方の範囲を広げる事が出来ます。意図を持つこと、成長することで、以前は見られなかったものを見るようになるでしょう。私たちのグループの一人で、その人の周りで常に光とオーブを見る人を、私は以前、羨ましく思っていました。今では、私はチカチカする光や小さな'フラッシュボルブ'を私の周りに常に見ます。そのうち、貴方もそうなるでしょう。貴方が羨ましいと思う人が貴方も見たいと思っていたものを見た時、その人のために喜ぶよう努めてください。

"今のは、単に私の想像だったのか?"

そうかもしれないし、そうではないかもしれない。でもグループに報告する価値はあります。

"でも、もしかしたら目の錯覚?"

そうかもしれないし、そうではないかもしれない。それでも、まだグループに報告する価値はあります。

リーダーへのメモ：貴方は人々の注意を引きつける力のこもった声を出す練習をすると良いと思います。私は何か見た時は大声で言うのでグループの人もそれを見たと思い込んでいましたが、後で誰も私の言った事を聞いていなかったのを知りました。それで、グループの殆どの人がその夜の最高の目撃をしなかったのです。また、命令する。単刀直入な質問をし、答えてもらう。"あそこを見て!"、"見たのは誰?"、"この光を見続けて！どこか違う"、等。経験を重ねるにつれて、どんな物が注意を促すに値するか、わかるようになるでしょう。

瞑想

瞑想は科学的に証明された恩恵をもたらします：
- リラックスし、平静になる。
- ストレス、不安、鬱、痛み、不眠の軽減。
- より明瞭に早く考える能力の増大。
- 大脳皮質を厚くし、記憶力と集中力を強める。
- 感覚能力を高める。
- DNA の先端にあるテロミア 'telomere' (長生きに関係する部分)を長くする。
- 新しいニュートロン(中性子)を一ヶ月に 30,000 個作る。これは漠大な量の脳の力である。
- 脳の大きさを増す。(脳はふつう年齢とともに縮む)
- 小脳扁桃を縮める。小脳扁桃は脳のストレスに感応する部分。

瞑想する事と CE-5
瞑想は唯一の意識と繋がるのを助ける。貴方が無になるとき，(或いは全てと繋がる時。どちらでも貴方が思いたい方で良いのだが)、貴方は意識の純粋な状態に居る。つまり時間と空間に制限されない状態に居る。例えばコミュニケーションを誰とでも、いつでも、どこででもできる。 その上、瞑想は通路をきれいにし、忙しい想念を鎮めるので、忙しい想念が発信するメッセージや受信するメッセージの邪魔をしたり、それを歪めたりしない。 だから、瞑想をすればする程、貴方はテレパシーでのコミュニケーションを星の友たちと良く出来るようになる。CE-5 の間に最低一つは目を閉じてする瞑想を推奨します。 本当に内面に焦点を当て、唯一の意識に入っていけるように。

この本の瞑想の章を読む
この章には幾つかの瞑想とグループでする実習の例があります。世界中から集めたものです。この手引書を野外へ持って行って、貴方のグループに読んでも良いと思います。

録音された瞑想のための語り、音楽などを流す
機器を使ってする。(この方法だと、貴方も参加できる)。 ET Contact Tool のアプリに瞑想が入っている。また、Google で変換するアプリを探して、それで YouTube のビデオを mp3 に変換する。（例：https://ytmp3.com/）。

グループでチャネリングをする
私たちのグループの一人はエジプトへ行き、シクスト・パズ・ウエルス（Sixto Paz Wells）が指導するエネルギー活性のための旅に行きました。彼がシクストに CE-5 へのアドバイスを尋ねたら、シクストは、グループで ET とコミュニケーションを取ることを学ぶのが肝要だ、と言った。これをするにはメッセージを受け取る意図をもって一緒に瞑想するよう、彼は示唆した。そして瞑想の後でそれぞれの体験を話し合う。もし、誰かが明瞭で直接的なメッセージを受け取ったら、それはコミュニケーションでしょう。もし、数人が同じメッセージを受け取ったら、確かなメッセージを受け取った事がわかるでしょう。メッセージは何時もポジティブとは限りません。けれど、決して、警告や破滅的変動についてではありません。

貴方自身の瞑想
この章の瞑想の例を見る前に、貴方に取って最良の瞑想は、貴方の心から来るものだということを考慮してください。自身のための瞑想を作るのは易しいです。前もって書き留めておくか、その場でグループと瞑想しながら創ります。なぜなら、瞑想の間、呼吸や波動を鎮めるための合間があるので、次に何を言うか考える時間が沢山あるからです。もし、スムースに行かなかったり、無茶苦茶にしてしまったとしても、皆で笑えばいいのです。それは、また、良い雰囲気を創りだすのに役立ちます。

瞑想の仕方

瞑想の仕方はシンプルです。それは焦点を合わせることです。焦点を合わせるもの:
- 音楽
- 音響
- 意図
- 無
- 全てとの繋がり
- マントラ（真言）
- 呼吸
- 気持ち、感謝など
- 体の部分、ハート・チャクラなど
- 貴方の本質である青い光を第三の目の中で見る
- 命のエネルギー (Pranic energy)を吸い込み、吐く息と共にそれを体に送り込む

5分の瞑想を日に一回するのから始め、一月後、5分を1日二回に増やす。そして、15分を日に2回位まで増やす。忙しい日もこの習慣を守るようにします: 例え5分間でも座ります。1日5分するのは一週間に一回20分するより良いのです。変化や効果をすぐ感じなくても、失望しないで下さい。慣れるまで、時間が掛かります。セタ脳波を増す双聴覚用の音楽（binaural beats）は脳をリラックスさせ、深い瞑想へと導くのに有効です。あるいは、瞑想に似たものをやってみる。例えば塗り絵（曼荼羅など）、散歩、楽器を演奏する、ドライブに出る等。瞑想が苦手な人は、しないでも大丈夫です。瞑想は有益ですが、必須のものではありません。

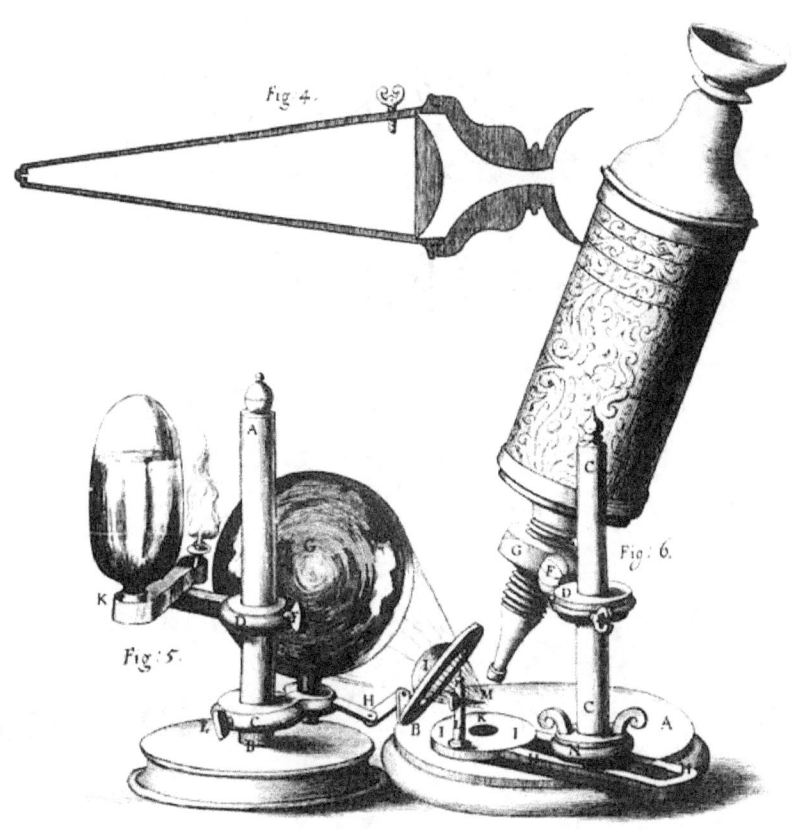

Robert Hooke's Microscope 1665

"グループ瞑想が、

電灯のスイッチの様に

戦争を消す事が出来る

確証は、

鎮痛剤が頭痛を軽くする

確証より

遥かに多くある。"

ジョン・ヘイゲリン (John Hagelin)

グループの有利さ：
CE-5 が効果的な一つの理由はグループ瞑想という現象にあります。 数件の研究は、グループで瞑想した時、私たちは大変な力を持つということを示しています。グループ瞑想で起こるマハラシ効果（Maharishi Effect) が、瞑想の間その地域の犯罪、自殺、死を 13% から 82% (平均 70%強)減らすということが知られています。

John Hagelin 博士は量子物理学者で、Iowa の Fairfield に有る Maharishi University of Management の学長です。
彼は、こう言っています。

"50 以上の検証課題と 23 の研究が先導的なこの領域の評論紙に発表された。これらの調査研究は、この新しい意識を基盤にした世界平和への方法が、社会で犯罪、暴力、テロ、そして戦争を起こす原因である文化的、政治的、そして宗教的な緊張をほぐすことであると証明した。この方法は地域社会、州、国、そして国際的なレベルで試され、毎回、効果をあげた。ネガティヴな社会の傾向のかなり大きな減少とポジティヴな傾向の増加を結果として。共にこの意識の技術を実践することで平和を創造する専門家（瞑想者）の大きなグループは 心と物質の最も根源的なレベル、物理学者が統一の場と呼ぶ所、に深く潜入する。生命のそのレベルから彼らは調和と緊密さの大きな波を創造する。そして、その波は社会を良い方に永久に変えることが出来る、と調査は確証する。また、この意識を基盤にした方法は全体論的であり、実践が容易であり、悪影響が無く、そして出費が少ない"。（これ以上の情報は、 http://www.permanentpeace.org で得られる。）

日曜日の瞑想：
毎週日曜日に世界中で数個のグループが地球の平和に満ちた変化をイメージする瞑想をしている。これらの中の一つに参加するには、以下のサイトに行ってください。

  http://www.globalunitymeditation.com/
  https://www.facebook.com/groups/128179887330632/ (We run this one!)
  http://2012portal.blogspot.com/2016/08/make-this-viral-weekly-ascension.html

もっと知りたければ：

  http://www.worldpeacegroup.org/washington_crime_study.html

  http://thespiritscience.net/2015/06/18/studies-show-group-meditation-lowers-crime-suicide-deaths-in-surrounding-areas/

  https://www.thewayofmeditation.com.au/scientific-evidence-mass-meditation-can-reduce-war-and-terrorism

  https://www.youtube.com/watch?time_continue=36&v=wJ0O1FTn9RQ

"世界中で瞑想をするグループの数が増えつつあるのを付け加えたいと思います。想念と心が平和に焦点を合わせて結集するとき、エネルギーは指数関数的に増大し、それは 動物への親切、国際的調和、お互いの尊重、環境の保存、全ての人々の繁栄、なんであれ貴方の世界のために望むことの実現を 1 日毎に近づけるのです。祈りと、直接あるいは遠隔でのグループ瞑想への参加の 価値について、いくら強調しても、し過ぎることはありません。"

マフュー（Matthew）からのメッセージ、2018 年 2 月 14 日

新しい世界のヴィジョン　(グリアー博士)

お互いに手を繋ぎ、完璧な光の輪が出来ているのを見ます。深い平穏さ、静けさと安らかさが私たちの中にあるのを感じます。貴方の内なる景色に次元間を、そして星の間を行き来する飛行船が私たちの周りにあるのに、つまり、私たちがその中に居るのに気づきます。私たちと一緒に瞑想しているET達がいます。そして、お互いに手を繋いで作った美しい光の輪を見ます。私たちの中に、光の交差点の向こうで姿を変えたET達があちこちに混じり、私たちと手を繋いでいます。

私たちが一緒にこの沈黙の純粋な状態にいるにつれ、私たちそれぞれのなかに純粋な光の泉を見ます。それは意識が光になったものです。それは地球の光とガイア(Gaia)の能力に力を与えられ、私たちのチャクラを通って上がります。そして、それはハートのレベルに達し、頭頂のチャクラへと登り、それから頭上の宇宙へ向かって爆発します。それは完璧な光の円柱になります。まず私達それぞれがこの柱を投影します。それから、それらの柱が一つに溶け合い、そして、その光は左から右へ輪の周りを廻ります。そしてそれは一つの天体の光、成層圏を突き破る巨大な光線となります。

この光は拡散し、私たちの光と地球の内の善良さ、人類愛、そして、私たちの目覚めの最大限の可能性が、それぞれの星へ、それぞれの銀河へ、そして宇宙の全ての知的な生命体へと、広がります。私たちは、永遠であり無限である偉大なる霊(Great Spirit)に願います。この美しい、上昇している光の柱が、星と星の間を旅することの出来る文明のための目印となり、彼らが地球上のこの地点に来ることが出来るように、と。

終局的にはこの光の柱が大きな天空の中心へ入るのが見えます。この中心は宇宙の奥深くにあり、直径10,000kmほどもあります。ここが、他の文明からの使節達が何億年も前から集まってきたところです。彼らに私たちがはっきりと見ることが出来るのがわかります。ちょうど、私たちが彼らを私たち自身の心のなかに見るように。私たちと此処で、そして、彼らの想念の本質のなかで結合するように彼らに頼みます。彼らが私たちを通して、宇宙の光を送り返すのが見えます。その光は天の頂点から、この人々の美しい輪に送られ、私たちを通って地球に送られます。地球はベルのような音を響かせます。この宇宙の光の共鳴は地球上の全ての男たち、女たち、そして子供達に届きます。そして彼らは、新しい世界の新しい像が私たちの内部から物質界の地球に実現するのを見るでしょう。

私たちは、それから偉大なる霊に願います。地球上の全ての男達、女達、そして子供達が彼らの心と思い、そして本質と霊が簡潔な真実に目覚めるように、と。つまり、私たちは宇宙の中で一つの人類であること、そして、今こそ私たちが宇宙的な文明と、終わるこ

とのない平和に入る時だということです。

私たちは人類に隠されて来たすべての秘密が明らかにされるのを見ます。地球を平和と豊穣のバラの園に変えるであろう素晴らしい技術が人類のために使われるでしょう。これを後退させたり、これに抵抗している地球上のすべての勢力がこの世界像の美しさによって変わるのを見ます。

今や、私たちはこの光がもっと強くなり、私たちの心の中で結晶するのを見、そして新しいヴィジョンと新しい世界を見ます。それは、終わることのない、壊れることのない、千年の百倍も続く平和な時代です。

初めは外面的な平和かもしれないが、事実、それは目覚め時代へと進化するのです。その推移の中で、地球に生まれる全ての子供は宇宙意識の中に生まれ、だから、彼らは神意識そして宇宙統一意識へと進化する。人類がこのような形で進化するとき、私たちが他の惑星への使節となり、目覚めを地球から広げるのです。ちょうど、目覚めが私たちが来るまえに古代の人たちによって地球にもたらされたように。

私たちの心はこれを想像する時喜びにあふれ、偉大なる霊にそれが実現するよう助けを頼みます。また、彼らが来て私達を助けてくれるよう、私たちが頼むのを辛抱強く待っている星の文明を招待します。その時、私たちは彼らを助けることを誓います。地球上の子供達が他次元との通路の入り口になるでしょう。この知識と想像の絵、そして現実が地球上に顕現するための入り口。だから、私たちは偉大なる霊にこの美しい時代、私たちが心で知っている人類の宿命が実現するように願います。私たちはお互いに、地球に、宇宙に、全ての訪問者に、すべての系列の星の兄弟姉妹に、新しい世界を創造するための努力を捧げます。

そして、事実、もうすでにそれが思考の領域で誕生しており、実現の準備ができているのを知っています。私たちの行動が必要とされているだけです。だから、私たちのいくらかの努力で不可能と思われて居ることが避けられない現実となるのです。偉大なる霊、不可視の領域、霊的な世界、そしてこれらの星の文明の助力と共に。

私たちはこの生が終わるまでにそれが実現するのを見るでしょう。そして、新しい世界の新しい像に、私たちの心は愛と喜びに満ちるのです。

ナマステ

地球規模での CE-5 イニシャティブ (コスタ)

1. この ET との交信は、貴方の都合が良く、無理がなく、安全であれば、いつでも、どこでも、出来ます。

2. 場所と人々を選ぶ。人々については、貴方の信念との矛盾のない、敬意を払う、この互助作業に熱意を持っていると貴方が確信できる人を選ぶ。"波動の存在"であるから、恐怖心、あるいは他の強い感情は結果を出す妨げになるかもしれない*。善意、愛、喜び、そして経験を受け入れる広い心を持って参加する。ET 達は貴方の気高い、ポジティブな波動を感じ取るだろう。これは貴方一人でも出来ます。

3. グループの人たちと"心と心"で繋がり、愛のエネルギーをグルグル回そう。

4. 愛の球体が貴方達の輪の真ん中にあり、一人一人のハートがそれに結びついているのを想像する。星の友達のための明るく力強い目印になるように、この愛のエネルギーの柱を高く空に投影しょう。

5. 瞑想に入る時、世界中で参加している全ての ET コンタクト・グループとの心と心の結びつきを想像する。それから、星の友達を招き、貴方の居場所へと導く時、愛と共に彼らもその結びつきの中に入れます。貴方の居場所へ彼らを導くには、貴方の意識を彼らに向かって投影し、そして太陽系の太陽から地球への道筋を思い描く。貴方の想像の中で貴方の居る場所に近づく時、その場所へピントを近づける。彼らに貴方を見つける場所の映像を見せます。

6. 思念で、心を込めて、ET の友達に聞く。地球にヒーリングをもたらすために彼らと私たちが共同して何ができるか。私たち人類の問題に彼らがもっと関わるよう頼む。もちろん、人類の問題を解決するのは人類の責任であることを認めつつ。

7. ET とのコンタクトは多くの形を取り得る。それは、星の飛行船を見ること、自覚のある夢（Lucid dream）、テレパシーでのメッセージ、肩や膝に触れられる感覚、交信用の器具や電気に起こる不思議な現象、そして、もっと沢山あります。

8. 終了後、貴方の CE-5 イベントでの経験を ET Let's Talk report archives に加えて下さい。

*注意書き: どのように CE-5 での経験を捉えるかは重大です。もし、貴方が恐れ、根深い猜疑心、敵愾心、狭い心、などを持っていたら、コンタクトは出来ないと思って良いでしょう。

宇宙意識

目を閉じて深呼吸を三回する。息を吐く時ため息をつく。

引き続き呼吸に焦点を合わせ吸う息と共に貴方の周りの命のエネルギーを吸い込む。吐く息と共に、心配事、生活のための苦労、すべてのストレス、ネガティブな感情や思いを解き放つ。

するべき事はなく、行くべき所もなく、印象付けるべき人も居ない。息と共に平穏を吸い込み、吐く息でネガティブさを解き放つ。

木々を通る風に耳を澄ませる、(あるいは行き交う車の音、電気の低い音など、貴方の居る所による)。貴方の気付きを拡張して、側にいる貴方の友達を包む。そして、貴方の周りの木々、動物、高速道路上の車の中の人たち、忙しい市街、そして遠くの田舎、を包み込む。貴方は一人一人の人であり、一つ一つの物である。貴方は高速道路を車で走るのはどんな風か、公園で遊んでいる子供であるのはどんな風か、あるいは木である貴方が、梢で葉が揺れ動くのはどんな風かを感じる。

貴方の気付きはもっと広く拡張する。壮大な土地と海の広がりを包み込み、宇宙へと広がる。私たちの太陽系を抱擁し、永遠と合体する。そこでは、彼らの太陽の周りをまわる惑星達の深い"ンー"という音が聞こえる。幾つもの銀河が回転するのを感じ、そして薄い色の星雲を見る。貴方は雄大で深い宇宙である ... 貴方は自然の驚異である：惑星、月、星、森、滝、潮、そして世界に生息する全てのもの。近く木々を通り抜ける風と宇宙の音楽の両方を聞く。貴方は全ての物であり、全ての空間である。

この気づきを第三の目の真ん前の空間に縮める。貴方の性質、個的特質、貴方の周りにある邪魔なもの、貴方の想念、すべてを脱ぎ捨てる。貴方は無の中に居、闇のなかに浮かんで居る。貴方は原始の気づきである。永遠の愛の平穏さを感じる... 貴方は究極の世界であり、それは至福である。

想念や映像が出てくるかもしれないが、それらが消えるにまかせ、このたった一つの焦点と気づきに戻る。貴方は気づきのたった一つの点になる。それは地球上の一人一人の他の人、そして他の目覚めた意識的な存在達が感じるのと同じものである。この静かな気づきが貴方達を一様にし、宇宙意識と繋げるので、その中へリラックスして入る。

毎瞬間が瞑想 (マット・マリボナ : Matt Maribona)

マットはCE-5のコミュニティーを見つける何年も前に彼自身でETとの接触方法を発見した。
彼の例は私達がそれぞれ自身の特別なコンタクト方法を見つけることが出来る事を示している。

CE-5は単なる用語ではありません。それは愛、協力、そして誠意の実践です。CE-5は独特で、愛情深く、喜びに満ちた貴方についてが全てなのです。
CE-5は、私たちが知っているように、世界を変える助けとなる目覚ましい旅の単なる始まりなのです。
CE-5の瞑想には始めや終わりがあるべきではありません。宇宙には驚異の無限の可能性が あります。銀河、星、そして惑星には、他の独特の愛情に深く、喜びに満ちた存在、ちょうど私たちと同じような存在がいます。単に存在するのです。彼らは向こうの方で、私たちが私たちの世界とすべての命がどんなに特別であるかを認識するのを待っているのです。彼らは貴方の上に偉大な光を輝かすために、可能性の広大さの中から来るのです。私たちがしなければならない全ての事は、彼らと一緒にその光をこの世界と私たち自身の上に輝かせる事です。
毎朝目覚める時、私たちは、それぞれの人生に良い事を実現させるべきです。私たちの想念は大変パワフルで、私たちが生きる現実を創造する事が出来ます。全ては意識です。私たちはこれらの想念で、今ある現実を創造しています。私たちは、本質的に私たちの想念そのものです。種全体として私たちは、全てへの愛を称賛する世界を創ることが出来ます。それは、**あなた**から始まるのです。私たちは、私たちが望む世界の変化そのものであるべきです....1日を通じて私たちの内部で。お互いに親切であり、私たちの世界を擁護し、私たちの行動にたいして責任を取る必要があります。 もっと微笑み、見知らぬ人に手を貸し、善い行いをし、全ての場所に希望をもたらし、全てに愛を注ぎましょう。この世はパラダイスで、すべての物は与えられています。分離は私たちの足を引っ張ります。自身からの、お互いからの、世界、そして宇宙からの分離です。私たちは愛されており、私たちがするべき全てのことは、ただ在ることです。1日の終わりに星が現れて貴方のために輝くとき、貴方がするべき全ての事は"今晩は。私がここに在るのは愛と希望のおかげです" というだけです。貴方の毎日は瞑想です。貴方の中で脈打つハートがすべてです。一旦そのハートの中心を見つけたら、貴方がするべき全ての事は、見上げて,"ほら、ここに居るよ。私に会いにきませんか?" という事だけです。それだけです！接触を図る時、愛が唯一の問題であり、愛をもってなされる全ての事は最良の意図と広い気持ちと心でなされるということを知るでしょう。同じ周波数と波動が多ければ多いだけ、経験はより深くなるでしょう。貴方の光を輝かせば輝かすだけ、彼らはもっと彼らの光を送り返すでしょう。彼らは今、貴方がこれを読んでいるときでさえ、あそこで私たちを待っているのです。貴方は愛されています。お返しに彼らに幾らかの愛を示して下さい。一緒にしてください。
ただ、在って下さい。

黄金の時代

深呼吸を三回して、すべてのストレスや日常生活の苦労を解き放つ。貴方自身を地球に接地して、ガイアの多彩さ、人類、宇宙のすべての存在、そして源との繋がりを感じる。数秒かけて集中し、貴方の真我のなかに落ち着く。呼吸と共に深くリラックスする。

そして，グループの気持ちと心を一つに集める。人類の進化と発達を心に描く。今あるそのままの世界、来るべきユートピアへの準備が出来ている世界への貴方の気づきを感じる。この時期にこの惑星上に人類として在ることは贈り物であり、名誉である。

心の眼で、私たちの前に広がる新しい時代の夜明けの順調な展開を見る。世界中の堕落した指導者達や操縦者たちが平和裡に辞職して、彼らの行動に対する責任を問われるのを見る。大衆の報道機関は支配から解放され、全ての人に重要な情報を伝えるでしょう。ゆっくりとした、揺るぎない、星の家族の存在の公開に立ち会う。私たちが孤独ではなかったことを知った時、希望と解放が一人一人の顔に輝くのをしっかりと見る。臨界に達した人数の人々が、この新しい現実を受け入れ、それと抱き合う時、科学者たちは働き、妨げを取り除き、すでに私たちに与えられていた技術を実際に使い、フリー・エネルギーを世界に分配するでしょう。世界が調和と愛の中に浸されるのがわかるでしょう。すべてが使う事のできる豊穣と平和の中で喜びに満ちてください。

その新しい世界で貴方が何をするのか想像してください。また、心に描いてください…戦争の囚人たちが解放される…奴隷が自由になる…病気が癒される…飢えた人々は食物を得る…すべてのためのフリー・エネルギー…他の世界からの存在とのコミュニケーション…貴方の家はどんなか…貴方用の宇宙船はどんなか…星への、世界中への休暇…貴方の毎日はどんなか…どんな仕事に貴方のエネルギーを使うか…そしてどんな遊びをするか…なんであれ、貴方の心を燃え立たせるものに焦点を合わせましょう！

この変化を促進するためにどんな事が出来るか、貴方の真我からのインスピレーションを受け取るべく心を開いてください。少しの時間をかけて、この喜びに満ちた過程に最も効果的に参加出来る方法についての指導に耳を傾けます。

この美しい未来像が来るのを知ってください。それは、単に時間の問題です。無限の流れの中にすでに存在するこの世界への感謝の気持ちと平穏さを呼び起こしてください。

星の存在に会う

いつか起こる星の存在達との面と向かったコンタクトの準備として、一人の存在と会うための瞑想をする意図をグループとして創る。どのような存在に会いたいか、グループに考えてもらう。人類に似た? 人類に似ていない?
例: プレアデス人(Pleiadian) ノアデク（Nordic）、アプニアン（Apunian）、ハトア(Hathor)、ライオン人、アークチュリアン(Arcturian)、鳥類人(Avian being), 良心的なグレイやレプタリアン、等。

それとも、貴方のCE-5グループに指定されたETのチームか、それとも個人のETの使者に会うことも出来る。

(面白い事実: Paul Hellyer, 以前カナダの国防省の大臣であった人、は82種類の宇宙人が地球に来た事が知られていると言っている)。

どのような種類でも良いが呼吸法かリラックスする方法で瞑想を始める。筋肉の収縮弛緩運動を体中にするか、あるいはエレベーター法を使う。これをするには、まず、エレベーターに乗って10階降りるのを想像する、一階降りる毎にもっとリラックスしながら。この瞑想をする間、得に重要なのは可能な限りリラックスする事です。だから、この部分に時間をかけてください。瞑想全体の半分ぐらいまで。目標は、私たちが目覚める直前のような可能な限りリラックスした状態になることです。これは往々にして私たちの1日でもっともリラックスした瞬間です。

一旦、全ての人を深くリラックスさせることが出来たら、それぞれに彼らが存在と会いたい、安全な場所を作ってもらいます。それは、例えば、神聖な場、公園、草原、浜辺(Jodi Foster が映画コンタクトで,"お父さん"に会った)、銀河宇宙基地、等。もしエレベーター法を使うなら、この安全な場所へとドアを開いてください。一人一人がこの場所へ入ったら、生き生きとした詳細を思い描いてもらいます: 風景、音、匂い、足の下の地面。そして、彼らは彼らが存在と会うところへ歩いて行きます。

それぞれに、彼らの招待メッセージを好きなように創ってもらいます: 電話で、テレパシーで、招待状で、メールで、等。存在がそのメッセージを受け取り、こちらへ向かってくるのを想像します。

最初のレベルのコンタクトを想像してみてください。遠くの宇宙船を見ている? 浜辺の向こうの端に立っている存在を見ている? 暫くそうしています。それに慣れていきながら、呼吸し続け、深くリラックスするのを感じます。

それから、グループにその存在がもっと近くへ来るよう頼んでもらいます。彼らが最も楽なペースでこの存在と交信出来るよう、グループに約5分あげます。彼らに深いリラックスした状態を保ち続けるよう念を押します。この接触では各人が自由にしてよいと、グループに言ってください。彼らは存在に近くに来るように、あるいは後退するように、いつでも頼む事ができます。もし、彼らが何かを不快に感じたり、怖かったりしたら、深呼吸をして、その感情が解け去るのを待ち、信頼、愛、そして感謝の気持ちと入れ替えるよう話します。

時間が経過したら、その存在とのコミュニケーションを終えるようグループを指導します。

人々に、存在に感謝し存在からの返事に耳を傾けてもらいましょう。存在が離れていく時、グループに、リラックスし続けるよう注意します。彼らがどう感じているか、話してくれるよう頼みます。感情を抑えてこの接触を可能にした彼ら自身の能力に感心しているか？ 彼らは、象徴あるいは実際の良心と愛での接触に感謝を感じているか？ 存在が消えた後で、彼らにこの接触の温かさに浸ってもらいましょう。

それから、各人を穏やかに私たちの共有する現実に連れ戻します。もし、貴方がエレベーター法をしたら、上の階へと上がっていきます。各階を通過するたびに、より覚醒を感じながら。もし、彼らがそうしたければ、貴方がたの居る場所に慣れもどる間、手と足の指を動かしたり、深呼吸をしてもらいましょう。

ハトア達は古代エジプト人を助けました。この彫像は ある楽器から取ったものです。664 – 525 B.C.

早くて簡単な CE-5 の 瞑想 (デブ・ワラン: Deb Warren)

この瞑想はこのサイトにあります: https://www.youtube.com/watch?v=spkk6TwWpzg&feature=youtu.be

1. 貴方のハート・チャクラに大きな金色のエネルギーのボールが形作られるのを想像する。そして、それは段々大きく、そして明るくなり、左から右へとグループの輪に沿って周り始める。反時計方向で一人一人のハート・チャクラを通りすぎながら。それは、速度を増し金色の輪を形作り、私たちのグループは、より緊密さを感じ始める。そしてそれはもっと速く周り、平たくなって金色の円盤になる。そして私たちは、もっと深い緊密さを感じ始める – 私たちは この旅を共にしている一つのグループです。

2. それから、グループでマントラを唱える: アイム・ナ・マ、アイム・ナ・マ、アイム・ナ・マ。 マーカバー4面体 (Merkabah tetrahedron) を心の中で作りながら。 あの円盤は今や金色のETの宇宙船となり、私たち全てを取り囲む。それは、私たちのアストラル体 (光体) を運びながらゆっくりと浮き上がり、丁度私たちの頭上で止る。

3. そして私達はハイパー・ジャンプ (光より速い移動) する。

4. 私たちは今や、地球上の位置から高い静止軌道 (geo-stationary orbit) の上に居る。私達はまだ、西の方角に太陽が太平洋上に照るのを見る事が出来、また、地球が東の方角の闇の中へ入っていくのも見える。 細い月が見えるかもしれない。[貴方の地域の情報を探す]。惑星サターンを探す。とても明るい星のようで、太陽の左 [あるいは右] に見える。それが、私たちの行き先です。

5. 私達はハイパー・ジャンプする。

6. 私たちは、今サターンの輪の上に居る。大きなETスペース・ステーションが輪と惑星の間の軌道にあるのが見える。このスペース・ステーションは長さ42kmで何階もの高さがある。私たちのET飛行船はゆっくりと、大変大きなハンガー・デッキ (格納庫甲板) へ向かっている。とても沢山のET飛行船がデッキから出入りしている。私たちは格納庫に入る。そして私たちの金色の宇宙船を下す場所を探し、ゆっくりと着地すると、金色の宇宙船は消える。

7. この場所は大規模な中心的ステーションのようで、息が詰まりそうな程大勢の存在たちが行き来している。私たちは存在の群衆に囲まれている。 沢山の異なった種族。 誰も私たちの到着に気づいていないようで、私たちは次にどこへ行くのかわからない。

8. 私たちはグループとして集まり、沈黙の内に佇んでいる。このテレパシーのメッセージを送りながら: 私たちは地球から来た人類で、この宇宙ステーションにきたのは、これが初めてです。私たちは助けが必要です。 私たちを誘導するために、どうぞ誰かを送ってください。

9. 殆ど同時にETのグループが群衆の中をこちらは向かってくるのを見つける。すぐ、彼らは私たちの目の前に来、指で招き彼らに付いて来るよう示す。私たちはそうする。

10. 私たちはハンガー・デッキ上の小さい部屋に連れられていく。ドアは静かに閉まり、急に外の騒音が聞こえなくなり、静かだ。 少なくとも一人、私たち各人と接するETが居る。もしかすると、一人以

上いるかもしれない。スペース・ステーション内の見学を頼んでも良い。貴方が説明を頼んだら、描写する器具が作られて貴方が理解し易いようにしてくれる。もしかしたら、大きなミーティング・ルームへ行ってプレゼンテーションをするよう頼まれるかもしれない。これらの経験のために数分時間を上げます。どれほど時間がかかる経験であろうと、貴方が必要なのは、この数分だけ。

11. 私は貴方が貴方の経験をする間黙っています。

12. 進行係への注意書き：数分待つ。貴方は皆が経験を終わった時、それを感じるだろう。そして地球への帰還の旅を始める。待っている間、貴方自身もそこで経験をする。

13. どこに居ようと何をしていようと、ハンガー・デッキで貴方を待っているグループへ戻る意図を持つ。ET達に"さよなら"を告げ、貴方の感謝、どんなに貴方が喜んでいるかを彼らに感じさせ、また戻って来たい事を彼らに知らせる。

14. 全ての人が戻ってき、私たちは輪になって立って居る。

15. 貴方のハート・チャクラに大きな金色のエネルギーのボールが形作られるのをイメージする。そして、それは段々大きく、そして明るくなり、左から右へとグループの輪に沿って周り始める。反時計方向で一人一人のハート・チャクラを通りすぎながら。それは、もっと速く周り金色の輪を形作り、私たちのグループは、より新密さを感じ始める。そしてそれはもっと速く周り、平たくなって金色の円盤になる。そして私たちは、より深い緊密さを感じ始める。

16. それから、グループでマントラを唱える：アイム・ナ・マ、アイム・ナ・マ、アイム・ナ・マ。マーカバー4面体（Merkabah tetrahedron）を心の中で作りながら。あの円盤は今や金色のETの宇宙船となり、私たち全てを取り囲む。それは、私たちのアストラル体(光体)を運びながらゆっくりと浮き上がり、私たちをハンガー・デッキから運び出し、サターンの輪の上で止まる。薄い青色の点を探す。それが地球である。

17. 私達はハイパー・ジャンプする。

18. 再び、私たちは静止軌道上の地上の私たちの場所の真上に居る。再び太陽が地球の上に照るのを見、そして、真下の場所を思う。

19. 私達はハイパー・ジャンプする。

20. 私たちの金色の飛行船は私たちの肉体の真上にあり、今度はゆっくり降りて行く。私たちのアストラル体を肉体に戻しながら。そして金色の飛行船は消える。

21. 用意が出来たら、深呼吸をし、目を開け、体を動かす。貴方が戻って来たのを示すために。

22. 全ての人が戻ってくるまで、皆、沈黙している。

23. 全ての人が戻って来たら、瞑想の間の経験を何でも話すように奨励する。でも分かち合う義務は誰にも無い。どんな経験もしなかった人が居るか聞くと良いかもしれない。次のイベントでその人に注意を向けて、彼らもグループの一部であることを保証する。他の人たちにも、これらの未経験者に焦点を当てることを頼んでも良い。

惑星間評議会（Interplanetary Council）
"Evolution Through Contact" より、著者 Don Daniels
この本について、もっと知りたければ著者のウエブサイトに行く：
http://www.becomingacosmiccitizen.com/index.html

硬いか、あるいは少しクッションのついた、背もたれが90度ぐらいの椅子に楽に座る。足は少し離し、手は手の平を下にして膝に置く。少なくとも7回ゆっくりと深呼吸する。出来るだけゆっくり深く息を吸い、そして出来るだけ長く、しかし無理の無い程度に息を止める。それからゆっくり深く吐く。そして又、苦しく無い程度に、出来るだけ長く止める。

深くリラックスした状態になるまで呼吸に焦点を合わせる。それから、貴方の息が頭丁から入って来るのを想像する（イルカのように）。息を吐く時、息が体の全体を流れ落ち、背骨の末尾の部分と足の裏から出て行くのを想像する。貴方の呼吸が純粋な愛と情けをもたらすのを受け入れ、そしてネガティヴな想念や感情を吐き出す。こうして貴方自身を一呼吸ごとに浄化する。

それから、呼吸の間の休止に焦点を合わせ始める。すると貴方は休止に在る奥深く、意味深い沈黙に気づくだろう。ゆっくりとその沈黙に入り、それが一呼吸毎により長くなるのに任せる。ついには、その沈黙が呼吸全体に満ちるまで。そして、気付きそのものに気付くだろう。貴方に聞こえるかもしれない其処此処にある音ではなく、それらの音を聞く事が出来るそのものである。ここでは、音は邪魔者ではなく、単に、貴方の根源の気付き、つまり、宇宙の全ての意識ある存在を混和する気付き、との繋がりの承認に過ぎない。それから、その音を手放し、再び呼吸の間から始まる深遠な沈黙との交わりに焦点を合わせる。何故なら、これは貴方の宇宙意識、宇宙その物の意識の集合体、との繋がりであるから。

貴方が海で遊泳しているイルカであると想像してみる。その純粋な喜びを味わうために、飛び上がり、回転し、飛び込む。その感覚と自由の喜びに身を任せる。純粋な意識の海へ深く飛び込み、そして出来るだけ速く、上に向かって泳ぎ、空中に飛び上がる。そして、そのままスピードを増しながら大気圏を通って上がり続ける。月を通過し、私達の惑星を通過し、私達の太陽系を通り抜ける。星がより速く、通過するのを見る。そして、銀河と銀河の間の空間に入り、貴方の周りの美しい銀河を眺める。深い沈黙と交わり、創造主が何と美しい宇宙を創ったかを静かに思う。私達のすべてが、どのようにその創造を通じて、そして私達の宇宙意識との繋がりを通じて結合しているか、だから、私達すべてが"一つ"であることを理解する。

それから、惑星評議会に行きたいという意図を持つ。そして、貴方の意識がその方向へ貴方を連れていくのに任せる。貴方は意識のスピードで移動することが出来るので、瞬く間に着くはずだ。近づきながら、飛行船や建物につ

いての貴方の印象に注意する。そして、中へ入る許可を頼む。おそらく、誰かが貴方を案内するだろう。それとも貴方は自身が中に居るのに、ふと気づくだろう。

どの案内人にも尊敬と謙遜の念を持って挨拶する。貴方は地球の市民の代表として訪問したいと説明し、貴方が評議会室を訪問しても良いか尋ねる。 ちょうど、貴方が国連会議に出席する時と同じような敬意を持って入る。 多分貴方は傍聴席へ案内されるだろう。そこから、会議室の眺めと感じを掴み取る。部屋の大きさ、形、天井の高さ、どんな壁か、それはどんな材質で作られたように見えるか? テーブルがあるか、交渉の場所があるか、それはどんな風に見えるか? テーブルの上に何か置いてあるか、テーブルは何かで覆われているか?

会議に参加している外交官の誰かに特別注意する。彼らからどんな印象を受けるか? 肉体的な特徴に注意する。また、受け取るかもしれない感情的な印象、あるいはテレパシーでのメッセージか印象に注意する。

貴方は外交官の一人とコミュニケーションが取れるかもしれない。貴方の、人類の進化を助けるために労を厭わない気持ちを表す。
私たちが完全に銀河市民となれるまでの進化。

そして、訪問を許されたことへの感謝の言葉を述べ、感謝の気持ちを送る。出発の準備をする。貴方の意識が外へと移動するのに任せる。そして、私達の銀河、太陽、そして地球、肉体へと素早く飛んで帰る。 貴方の意識は道筋を知っているので、道に迷うことはない。そして、ゆっくりと穏やかに覚醒時の意識に戻り始める。一呼吸ごとにだんだんと目を覚ましていく。

全てが貴方の心の中で新鮮なうちに印象を書き留め、そのノートを貴方のベッドのそばに置く。きっと、貴方は、数週間のあいだ、洞察やインスピレーションが貴方の意識に流れ込んでくるのを知るでしょう。特に、貴方が眠りに就こうとしている時や目覚めようとしている、うとうとした状態の時にそれは起こる。だから、印象が入ってきた時、すぐ書き留められるようにノートをそばに置いておく。

共鳴するエネルギー　(CE-5 アオテアロア、ニュージーランド)

この瞑想の基本的な意図は、野外でのCE-5でしばしばチームにダウンロードされる繊細なエネルギーのより大きな、交換、あるいはダウンロードがなされるようにすることにある。

グラウンディング（接地）は重要で、この過程の間全ての人が足を地に付けることを勧めます。チームは、また、そうしたければ手を繋いでも良いし、誘導の部分の間、お互いに近寄って輪になって立っても良い。

全体的に落ち着くことから始める。チームに、リラックスし、ゆっくりと深呼吸し、そして彼ら自身に焦点を合わせるよう求める。平安と落ち着きを息と共に吸い込み、息を吐く時、すべての心配や気がかりを貴方の足を通して大地へ流出させる。地球に、すべての心配や気がかりを持ち去り、処理し、私達が現在の意図に集中するのを助けてくれるよう頼む。

鼻を通して息を吸い込み、口を通して吐き出す。全ての人に次の過程を行うように求める。彼らのエネルギー体あるいはアストラル体の手が地球の中心に素早く届くのを想像するか、あるいは単にそうなるのにまかせる。そして、地球の幾らかのエネルギーを集め、彼らの第一チャクラまで持ち上げる。これは吐く息と共に貴方の要請を送り、吸う息と共にエネルギーを持って上がる素早さで出来る。通常、私達はこれを3回、一つ一つのチャクラに、それを活性化する前に行う。なぜなら、これが感覚を強めるから。しかし、これに慣れ親しんでいる人の場合は、チャクラごとに1回する。3回する時は、初めの2回は次のエネルギーを集めるために降りる時、エネルギーを第一チャクラに留めて置き、3回目で素早く、そのチャクラを開き、そして、リラックスして、赤く輝いているか回転しているチャクラを眺める。それから、続けて息を吐く時下降し、もっとエネルギーを集め、それを第2チャクラへ持って上がる。その時、エネルギーを第一チャクラを通して引っ張り上げる。つまり、一直線にする。全ての人が彼らのチャクラを皆一直線にし、開くまでこの過程を繰り返す。赤 – オレンジ – 黄色 – 緑 – 青 – 藍 – 紫。

次に、グループの共鳴を、これらのチャクラ・エネルギーを順番に分かち合うことで調和させる。それぞれの人に彼らの第一チャクラ、赤のチャクラの光を彼らの右にいる人に回すよう頼む。その時、左の人から同じ量のエネルギーをもらう。チームにこの過程のスピード・アップを頼み、素早くこれを繰り返す。そうすることで、私たちが反時計周りの赤い輪をその高さで作られるように。第二のオレンジのチャクラに上がり、この過程をクラウン、紫のチャクラまで繰り返す。今やチーム全体が彼らのエネルギーの中心で一様に共鳴している。これは、他の存在、ET等をも包括出来る様に拡張

されるべきである。彼らは活発に私達と行動している。これは、共鳴が両方のチームを通して伸びることを意味する。ハート・センターは主要なチャクラであり、ハート・チャクラでこの過程を始める前にそれをグループに話して置くと良いだろう。

一旦、これらのチャクラの輪が安定したら、次のステップは共通で単一の、両方から流れるエネルギーの型を作り出すことである。

それぞれの人に、これらの輪が壊れて一つに集まりハートの高さにあるのを創造してもらう。頭頂から下へ、そしてベースから上へ。これはトロイド（円錐曲線回転面体：ドーナツ型のエネルギー体）を形作る。この混ぜ合わされた白い光の輪を反時計方向に回す。ちょうど元の輪がそうであったように。

つぎに、このトロイドから時計方向に回る螺旋形の渦を地球の中心に送り還す。これは、つぎに来る物への"ガイド"である。地球に反時計方向のエネルギーの流れ、今私達が創った渦と一対になるもの、を私達に送り返すよう頼む。それが着いたら、それがハート・トロイドの周りを包み始めるのを、そして、続いてしっかりと反時計方向に巻きつくのを見るか、想像するか、あるいは、そうさせる。

次に、反時計方向のエネルギーの渦を上に、私たちが交信しようとしている存在に送る。これは、また、一対となるためのガイドとなる。彼らに時計方向の渦を私達の指針にそって送り返すことで返事をしてくれるよう頼む。それが着いたら、私達のトロイドの周りに巻きつかせ、時計方向に回らせる。それを、共鳴に必要なスピードで回らせる。この形態は非常にパワフルであり、貴方は意味深いエネルギーの流れを体験するかもしれない。

瞑想の沈黙の部分に入るとき、この"イメージ"、このエネルギーの場、を
強く心に留めておくようチームに要請する。この部分の瞑想では、チームが決めたCE-5活動の意図の達成を探求する。ETや天体の存在など、貴方が接触を図ろうとしている存在に、この共鳴の場を使って接触するよう頼む。特に関係のある天体、宇宙のエネルギーを、この過程と共鳴の形態を通してチームと統合するか、チームの中にダウンロードするように頼む。そして、そうしたい全ての人に、これらのエネルギーを吸収し、あるいは、これらのエネルギーと一体化し、結果的に有益な方法で分配されるのに任せるよう要請する。

浄化のための瞑想

エネルギーの浄化のための瞑想は貴方の波動を高め、それが内面であれ、外面であれ、すべてのETとのコミュニケーションにもっと気づくようになるのを助ける。それは、貴方のすべての細胞を祝福し感謝するとか、最高の光のなかに貴方自身浸るという、極く簡単なものであり得る。スイートグラス（sweetgrass）か、薬用サルビア(sage)で体や場をいぶすのは、とても効果的である。それは、濃い中性電気を作りだし、ネガティヴなエネルギーを 離散させ、貴方自身と神聖な場を浄化する。
より包括的な浄化をしたければ、これらのヒーリング・浄化のページから、どれかを選んでしてみる。

JCETIの浄化

ETコンタクトをするためのクリーニング・アファメーション

下記のアファメーション（言霊）をコンタクト・ワークする前に使うと
よりスムーズに高次元レベルの存在とつながることができます。
外部から受けた、不可避な想念や他者のエネルギー的な刺激から解放されます。

基本の言葉はこちらとなります：

私は他者の。。。。。を完全に手放します。

より強く結果を感じたい方は「手放し」
の代わりに「拒否」を使ってください。

==================================

私は他者の恐怖心を完全に手放します。

私は他者の緊張感を完全に手放します。

私は他者の痛みを完全に手放します。

私は他者のストレスを完全に手放します。

私は他者の怒りを完全に手放します。

私は他者の罪悪感を完全に手放します。

私は他者の想念を完全に手放します。

ネガティヴな影響の癒しと浄化　(ジェイムス・ギリランド - ECETI)

他次元の意識と交流したければ、ヒーリングは必須である。自身への権威を持ち統制を保持しなければならない。もし、貴方がネガティヴなエネルギーを経験しているとしたら、それは想念の形、精神的な概念の制限、霊的な束縛、ヒーリングが必要な肉体を持たない存在（彷徨う魂）であったりする。彼らは、彼らの低い波動の姿勢と感情によって、地球の波動と繋がっている。其の内の或る者は威圧的で人を操り、支配したいと願っている。愛が癒す。振り払うことは単に彼らを他の場所、他の人に送る事に他ならない。すべてのヒーリングをする時、神は愛であることを心に止める。癒し、高めるのは愛の力である。次はエネルギーの浄化のためのステップである。

1．白か金色の光を貴方の周りに思い描くことで貴方のオーラを閉じる。
2．貴方の文化の神の代理人を呼び出す。例えば、イエス、釈迦、ババジ、メアリー、モハメド、白鷲、あるいは他の多くのキリスト意識を持つ存在の一人。
3．癒されるべき存在に、彼等が癒され高められ、そして目覚めたと告げる。
4．彼等がキリスト意識の光と愛に囲まれていると告げる。
5．代理人に、彼等を彼らにとって完璧な場所へ連れて行くよう頼む。
6．全てのネガティヴな想念の形と制限された精神の概念が真実の光の中に解消され上昇されるよう頼む。
7．全ての霊的な繋がりが切られ、彼等のオーラが最高の波動の霊の他には閉じられるように頼む。

この過程を貴方が清浄になったと感じるまで繰り返す。一回以上のヒーリングをするかもしれない。貴方の言葉はパワフルであり、貴方が彼らのレベルで言ったことは瞬時に実現する事を覚えておく。多くの目覚めた人達はこれをイベントの前にする。それは清浄で安全な環境を創り、またヒーリングをしている人を高める。もし貴方が奉仕で癒すことを意図すれば、似た思いの存在を引き寄せる。もし貴方が威圧し操ることを意図すれば、同じ思いの存在を引き寄せる。引き寄せの法則である。時には、肉体を持たない霊が、蛾が火に来るように貴方の光に来るだろう。自身を判定せず、ただ彼らを癒す。問題なのは彼らで貴方では無い。彼らは貴方の助けを求めているのだ。

短い浄化の祈り - まず貴方の主要な教師、ガイド、他のキリスト意識か上の存在を呼び、以下を告げる。

すべての愛と光の存在を歓迎する。

貴方に私達の神の元から話す。

貴方がたすべては癒され、許された。

高められ、そして目覚めた。

キリスト意識の光と愛に満たされ、囲まれている。

美しい多くの存在に貴方を貴方にとって完璧な場へ付き添うようお願いする。

平安の内に行って下さい。

(より進歩したヒーリング方法についてはジェイムスの本 *Reunion with Source* を参照)。

地球のエネルギーを吸い込む浄化
(リトル・グランドマザー・キーシャ：Little Grandmother Kiesha)

大地の上に裸足で立つ。これは屋内でも出来るが、その時は靴を脱ぐ。緑、地球のエネルギーの色を吸い込むことから始める。足の裏から吸い込む；この地球のエネルギーが貴方の細胞を満たし、貴方の全ての部分に滋養を与えるのを感じる。

初めの吸う息で、それを膝まで上げる。それから、吐く息でそれを足の裏を通して地球に戻す。

2番目の吸う息でこの緑のエネルギーを骨盤の下（第一チャクラ）まで上げ、吐く息で地球へ返す。この時、腿、膝、そして足首が緑のエネルギーで包まれるように感じながら足を通して下へ戻す。これをしている時、もし、貴方の体のどこかと繋がり難く、エネルギーが満たされないと感じたら、その部分へのエネルギーの吸い上げを続ける。貴方が次への用意が出来たと感じるまで。

3番目の吸う息でそのエネルギーを骨盤の下部、臍の真下(第二チャクラ)まで上げる。そして、解き放ち地球へ返す。エネルギーを下へ降ろす時、それぞれの体の部分に焦点を合わせるのを忘れない。ただ、ざっと降ろすのでは無く、エネルギーが下へ移動しながら、貴方の手足や筋肉、血、骨、細胞を満たすのを想像する。

4番目の吸う息でエネルギーをお腹の真ん中(第三チャクラ)まで上げる。それが、太陽神経叢を循環し浸透するのを感じる。私達の多くは抑圧された感情をたくさん体のこの部分に持っている。ここは、意志、自己権威の感覚、そして私達が誰であるかの全体的な感じと繋がっている。もしかすると、この場所で数回呼吸する必要があるかもしれない。癒しの地球のエネルギーに、穏やかに貴方の腹部を開けさせ、硬い箇所、古いエネルギーと恐れを掴んでいる箇所を緩めさせよう。

Image attribution: www.getdrawings.com

ここがリラックスし解放されたと感じ、温かさが広がるのが感じられたら、次へ移る用意が出来たという事だ。

5番目の吸う息で胸(第四チャクラ)までエネルギーを上げる。そして、エネルギーが貴方の心臓を包みこみ、浸み通るのを感じる。そして胸腔、肺、肋骨の中で拡がるのを感じる。心臓の辺りには沢山の古い感情が残って居、私達の多くは深い傷を持っている。大地の母に貴方の中のこの場所に優しく触れさせよう。貴方が必要なだけこの呼吸を繰り返す。温かさが広がり、リラックスし、この部分が開くのを感じるまで。ずっと持っていたものが何であれ、それを地球の中へ放す。それを溶かして、足の裏を通して地球へ戻す。ちょうど、母親が子供の嘆きや苦しみを和らげることで傷つかないように、大地の母は、貴方がこのように彼女と繋がることで害を受ける事は決して無い。

6番目の吸う息で喉(第五チャクラ)まで息を上げる。そして、エネルギーがこの場所を開けるのを感じる。ここは貴方の声と貴方の真実を話すことに繋がっている。そして、吐く息で地球へ戻す。

7番目の吸う息で額の真ん中、目と目の間(第六チャクラ- 第3の目)までエネルギーを上げる。そして、霊的な視覚、より高い知覚と直感と繋がっているこの部分が開き、やさしく愛撫され、大地の母と繋がるのを感じる。吐く息で地球に戻す。

8番目、最後でもある、の吸う息で、エネルギーを頭頂(第七チャクラ-頭頂)まで引き上げる。そして、貴方の頭の頂点が霊的な導きと宇宙からの光を受けるために開くのを感じる。大地の母のエネルギーが此の部分を愛撫し開けるのを感じる。地球と宇宙の子供として地球と宇宙の間で接地しながら。貴方の顔、頭蓋、脳、腺、髪を此の滋養豊かな緑の光で満たす。貴方をすべての生命と結びつけながら。最後の吐く息でエネルギーを貴方の手を通して吐き出す。エネルギーを腕に降ろし、手の平から大地の母へ戻す。これは完全なエネルギーの循環を創り出す。

今や、貴方は貴方の生命を維持するもの、いつも貴方のためにあるものと結ばれた。この力強い緑の生命力のエネルギーは貴方が癒され、生き返るのを、そして、貴方の全体としての存在の均衡を保つのを助けることが出来る。

グラウンディングと宇宙エネルギーの瞑想
(ホーリス・ポーク：Hollis Polk)

何か、しっかりと支えられている物に楽にして座ってください。足は床の上に平らにして置き、手は貴方の膝か椅子の腕の上に別々に楽にして置く。

さあ…目を閉じて、深呼吸を一つして下さい。本当に深く吸いこみ、そして吐く時、ただ…リラックスする…意識的に貴方の筋肉に入れ、そして何であれ貴方が座っているものの中に溶け込ませる。さて…もう一つ深呼吸をして下さい…そして、何であれ貴方が座っているものが貴方を支えているのに気づき、それが、どんなに安楽で、心地よく、そして堅固なものか、に気づく…それから、もう一つ深呼吸をし、吐く時、貴方の頬の上の空気の温度に注意する。そして只…貴方をリラックスさせる…まだ、もっと…

もう一つ深く息を吸う…そして息を吐く時、貴方の背骨の基部に焦点を合わせ始める…そして、次に深く吸う時…そして、深く吐く時…貴方の背骨の基部に小さな栓があるのを想像する…そして只…ゆっくりと…それを抜く…それから、貴方の背骨の基部からエネルギーの潮流が流れ降りているのを想像する…このエネルギーの流れを、コードや色と見ても良いし、また、手触りや温度として感じても良い。それとも、音として聞いても良い…穏やかに、安楽に、そして自動的に流れている…貴方の背骨の基部から、貴方の座っているものを通って…床の中へ…そして、床を通ってその下の空間へ、そして、何であれ床と空間の上にある物…建物の基礎を通って、そして、その下の土の中へ…そして、流れ降り続けさせる…下へ…下へ…土を通って、貴方の下の地球の基盤の中へ…流れ降りる…地球の基盤を通って、地球の地殻を通って、地球の外套部の中へ降りる…下へ…下へ…下へ…地球の溶解した中心部の中へ…そして、貴方の体の中の何であれ、また、貴方の中と周りのどんなエネルギーであれ癒されるか変換される必要があれば、それを貴方のグラウンディング・コード（接地のための導線）で地球の中へ降ろす。そこでは、大地の母は、それを癒し、また変換することが出来る。

そして、その癒しと変換のエネルギーの少しを一本のコードとして上昇させる。それは、グラウンディング・コードと並行する…此のエネルギーを特別な色の上昇する光線として見るかもしれないし、また、温度か手触りとして感じるか、音として聞くかもしれない…あるいは調和音…そして、この美しいエネルギーを登らせる。…地球の中心から上へ、地球の外套部を通って、地球の地殻の中へ、そして地球の地殻を通って貴方の足の下の基盤へ、土の中へ、建物の基礎の中へ、その上のすべての空間を通って上へ、

床を通って、貴方の足の開かれたチャクラへと登る。

それぞれの足の指先の柔らかな部分には小さなチャクラがある。これらは渦のようで、カメラの虹彩のように開く。そして、より大きいチャクラが各足の真ん中にある。これもまた、カメラの虹彩のように開く。素晴らしい地球のエネルギーが貴方の足に届くと、それは上に流れる。ゆっくりと容易に、開いた足のチャクラを通って貴方の足の中へ、その中を渦巻きながら、癒しながら、変換しながら、温めながら、慰撫しながら、この素晴らしいエネルギー、素晴らしい光、あるいは温かさ、感触や音で満たしながら。そして、貴方の足を満たしたら、それは足首の関節を通って渦巻きながら上がる。温めながら、癒しながら、慰撫しながら、そして変換しながら … 手放しながら。

そして、この美しい色、あるいは温かさ、あるいは音、あるいはエネルギーは上へ流れ続ける … 上へ … 上へ貴方のふくらはぎへ、骨に沿って流れる、温めながら、リラックスさせながら、慰撫しながら、そして手放しながら、そして放射しながら、腱の中へ、筋肉、筋膜、皮膚、そして貴方の脚の周りのエネルギーの場をさえ満たしながら …

そして、エネルギーは上へ流れ続ける、渦巻きながら癒しながら、膝を通って温めながら、柔らげながら、手放しながら …

そして、エネルギーは貴方の大腿骨に沿って上へ流れ続ける、温めながら、癒しながら、柔らげながら、そしてリラックスさせながら、緩めながら、そして手放しながら。それは、骨から出て腱に、筋肉に、筋膜に、皮膚に、流れ、そして貴方の大腿骨の周りのエネルギーの場を満たしさえしながら。この素晴らしい光、あるいは温かさ、あるいは音、あるいはエネルギーで。ただ、癒しながら、慰撫しながら、そしてリラックスさせながら … 手放しながら …

そして、このエネルギーは、貴方の腿から出て骨盤に流れ込みながら、渦巻き、そして、癒し続ける。エネルギーが筋肉とすべての内臓をリラックスさせながら、溜まり、そして渦巻き、癒し、変換する。貴方はこれを、光が骨盤に満ちると見るか、エネルギー、温かさ、手触り、として感じるか、また音として聞くかもしれない。そして、このエネルギーが貴方の骨盤を満たすと、貴方は、この素晴らしいエネルギーの小さな流れが貴方のグラウンディング・コードを伝って、地球へ戻り循環を完了するのに気づくでしょう。貴方は地球のエネルギーの一部なのです …

そして、それがまだ動いている間に、貴方の注意を宇宙の中心に向け始める … そして素晴らしい色の光 … あるいは音 … 温かさ … あるいは感触 … が、宇宙の中心から下へ流れ始めるに任せる …

　天の川銀河の中へ…

太陽系のなかへ...
地球の大気圏へ...
貴方の上の空へ...
そして、貴方の頭の上の屋根の中へ...

そして、その下の空間を通って、梁や天井、そして床さえも通って、もしあれば、そして、貴方の頭の真上の空間へ...

そして、貴方の頭の頂点の中へ...そして、そこから頭の基部へ、そして、脊柱の後ろに沿って...脊椎を一枚づつ...貴方の首に沿って、貴方の胸の後ろの脊柱に沿って、腰の脊柱から脊髄の根元へ。

此のエネルギーの少しは貴方の脊髄の基部から貴方のグラウンディング・コードに沿って、地球の中心へ流れている。今や貴方は、貴方が地球のエネルギーと宇宙のエネルギーの接点、母なる地球と父なる天との接点であることを知るのです。貴方がこの繋がりを認める時、小さな"引っ張り"を脊髄の根元と頭の頂点に感じるかもしれない...あるいは、貴方自身が椅子の上で自動的に少し真っ直ぐに座るのを感じるかもしれない...

そして、この素晴らしい宇宙のエネルギーは、もっと貴方の骨盤に入る...貴方は骨盤に二つの色を同時に見るかもしれないし、それとも、混ざって出来た第三の色をみるか、あるいは、一つの色が閃光としてもう一つの色を突き抜けるのを見るかもしれない...どのように貴方が見ようと構わない...貴方は異常な感じを持つかもしれないし、それとも二つの音か、一つの和音を聞くかもしれない...そして、この素晴らしい色、音、あるいは感じは貴方の骨盤から溢れ出す、それは、貴方の胴下部のエネルギー場の中へ拡張しそして、貴方の脊髄の前を上がって行く事で拡張する、登っていく...上へ...上へ...上へ...貴方の胸の中心を満たすために、穏やかに、そして楽々と...そして、それはそこから貴方の胸と肩を満たすために拡張する。

そして、そのエネルギーは貴方の腕へと降り始める、貴方の二の腕を満たしながら、流れ、渦巻きながら下へ...貴方の肘を通って腕に、そして腕を通って手首へ...渦巻きながら手首から手へ、それらをこの美しい光、音、あるいは感じで満たしながら...ただ、それが起こるのに任せる...そしてエネルギーは貴方の手の平と指から貴方の周りの空間へ滴り落ちる、この美しい色、音、あるいは感じで貴方の手、腕、そして胸を満たしながら....そして、エネルギーは再び登り始める - 貴方の肩から頭の中へ...貴方の頭をこの素晴らしい感じ、音、あるいは色で満たしながら...エネルギーが貴方の頭頂から流れ出て、頭から約40cmから約60cm上の所へ達するまで。そこで、エネルギーの泉となる...エネルギーは貴方のエネルギーの場の全体を流れ降りる、それを浄化し、癒し、温め、リラックスさせ、この素晴らしい癒しの光、音、あるいは感じで満た

し、開きながら ... 健康的で無いものを穏やかに除きながら ...

そして、ただ、地球と天との接点である驚くべき感覚を貴方の中と周りで楽しむ ...

そして、ただ、その素晴らしいエネルギーの流れを楽しむ ...

そして、貴方に準備が出来たら ... 部屋に戻ってくる ... 目を開け ... 体を動かす ... かがんで床に手を触れ、余分なエネルギーを取り除きたいかもしれない ...

完全に貴方の体に戻る。

気づき ...

目覚め ...

生き生きと ...

そして

爽やかに!

横になってするグラウンディング瞑想
(ホーリス・ポーク：Hollis Polk)

CE-5で星空の下で毛布の上に横になっている時、この瞑想が使える。

仰向けに横たわって下さい。枕か何か必要なもので心地よく支えられながら。快く温かいけれど、眠ってしまわない程度の温かさを保って...

深く息を吸う...そして、吐く時...貴方がその上に横になっている物の支えを感じる...もう一度深く息を吸い込み、吐く時...貴方の背中にその支えを感じる...そして、貴方の足の後ろにも...踵と腕にも感じる。

さあ...もう一度、深く息を吸ってください...そして吐く時...貴方の頬の上の空気の温度を感じる...本当に注意して...暖かいか...冷たいか...丁度、良いくらいか...両方の頬のうえの空気の温度は同じか...貴方自身に、これに穏やかに気づかせる...

さて...また深く息を吸い込む...そして、それを吐く時、貴方の頭がどれだけ良く支えられているかに気づく...そして、どんなに貴方がリラックスしているか...

貴方がリラックスすると、貴方が横になっている物が地球の一部であることに気づく、それが何で出来ているにせよ、なんらかの形で地球と繋がっている。それが、羽であれば、地上を歩き、食べ物をたべる鴨から来るし、それが木材であれば木から来るし、カーペットでさえ、地球の中の重油から出来ている...あるいは、まるで別のもの...そして、貴方は地球の上に横たわっている。そして、貴方が直接、地球の上に寝ていると想像しても良い...木の葉の山に横になっているかもしれない、それとも、森の土壌の上に、草原の中に、あるいは素晴らしい自然の中に...貴方は地球の上で横になっている...

そして、貴方は、貴方の筋肉を地球の中は溶け込ませる...腕を溶かせ...脚を溶かせ...肋骨で囲まれた部分を溶かせ...それらが地球の中へ沈んでいくのを感じる...そして、それらのエネルギーが貴方の下の土を通って下へ流れるの想像する...地球の基盤の中へ...基盤を通って地球の外套部へ...地球の外套部を速く、楽々と流れ通り...地球の溶解した中心部へ。

ここで、このエネルギーの流れが巨大なコードであると想像する、巨大なグラウンディング・コード(接地のための導線)。それは貴方の体のすべての細胞と地球の真ん中を結んでいる。そして、母なる地球が彼女の愛を貴方に送っているのを想像する。エネルギーとして、このグラウンディング・コードを通して。 貴方

はこのエネルギーを特殊な色をした光線の上昇する流れとして見るかもしれない...温度として、感触として感じるか、あるいは音として、和音として聞くかもしれない... そして、この美しいエネルギーが登るのに任せる...地球の中心から地球の外套部を通って、上へ、地球の地殻へ、そして、地球の地殻を通って貴方の下の基盤の中へ、土の中へ、エネルギーを待ち望んでいる貴方の細胞の中へ。そして、一つ一つの貴方の細胞は母なる地球の愛を吸い取り、そしてそれが母なる地球とむすびついたことを知る。

そして、それぞれの細胞は母なる地球との繋がりによって生き返り、そして清らかになる。母なる地球は、貴方がたくさんのエネルギーを持つことを望んでいる。

貴方が通常の状態、起きている時の意識に戻ったとき、ゆっくりと動き始める。多分、貴方の手足の指を、それから、手と足を動かす。それから、脚と腕、そして頭と胴体さえも。貴方は感じる...

気づき...

目覚め...

生き生きと...

爽やかに...

さあ、準備は出来た！

遠隔観察 (Remote Viewing)

宇宙飛行士である エドガー・ミチェル（Edgar Mitchell）博士は遠隔観察を ET とのコミュニケーションを図るのに有効な手段であると推奨している。ミチェル博士は The Foundation for Research Into Extraterrestrial and Extraordinary Encounters (FREE)を創設した。私たちのグループの古いメンバーの一人、ケイコは遠隔観察を学習しており、以下は彼女が提供した概略です。

遠隔観察は、私たちが先天的に持っている、特定の場所、物質的な構造、人、出来事などをその場に居なくても見たり感じたりする事が出来る能力を発展させるのを助ける。遠隔観察は、離れた空間と時間にある物象を見ること、聞くこと、嗅ぐこと、味わうこと、肉体的な知覚を持つこと、感情の知覚を持つこと、である。貴方は、無作為的に、よく似た超科学的な現象を経験したことがあるかもしれない。たとえば、デジャヴとか予知とか。それらに反して、遠隔観察は意識的になされる。貴方が瞑想状態にあるとき"対象"に焦点を合わせることによって。

遠隔観察のやり方

- 静かに座り、貴方の日常的な忙しい想念を手放し、無心になる。
- 対象と繋がり、貴方がその対象と繋がっていることを知る。
- 貴方の５感、あるいは、それ以上の感覚を通して受け取る情報を"生のまま"に書き留めたり、描いたりする。言い換えれば、貴方自身の"お話"を作り上げるのではなく、その情報を描写する。（これは又、右脳と左脳を同時に働かせることでもある）。貴方は貴方の想像、記憶、推論などから自由であるべく努める。
- 情報をまとめ、分析する。

遠隔観察によって発達し得る能力と姿勢

遠隔観察の間に右脳と左脳を同時に使うことによって、私たちは霊能力を進化させることが出来る。と同時に、遠く離れた対象を感知することは、私たちが"一つ"であることを経験させてくれる。私たちがお互いに想念と意図で繋がっていることを認識することで、私たちは他に対して謙虚になれる。

ある経験を積んだ遠隔観察の教師（Monroe Institute で教えている）は、彼の経験では、週末のコースの終わりまでに何も見たり、感じたりしなかった人は一人も居なかった、と言っている。私たち全てにこの能力は備わっており、それを使うことで発達させることが出来る。これを実践することで、貴方の真実の自然体である非局所性と、そして、意識の統一された場と一つであること、の確証を得るだろう。

遠隔観察の練習を始めよう

グリアー博士は彼の遠隔観察の DVD の中で、これらの練習をして直感を磨く事を推奨している。

- 電話の受話器を取る前に、かけてきたのが誰かを感じ取る。
- ドアを開ける前に、訪問者が誰か感じ取る。
- 誰かが、箱に入れた物、あるいは封筒に入れた写真や書いた言葉などを感じ取る。

遠隔観察の方法や技術は沢山ある。本、DVD, 講座、ウエブサイト、などから選べる。アプリケーション、遠隔観察の対象を提供するウエブサイトもある。例：http://www.rvtargets.com/（これは無料で登録、使用できる）。

遠隔観察を CE-5 でどう使うか

野外で CE-5 をしているとき、先ず瞑想で始める。マントラを唱える、音を聞く、想像する、誘導の瞑想など。貴方が静かな状態に達したとき、貴方の遠隔観察の対象に焦点を合わせる:

- ET に貴方の場所を示す。貴方の意識で宇宙へ行き、そして、戻ってくることにより。
- 惑星、銀河、星を訪れる。
- 異なった銀河の住人と会う。
- 星の存在に会う。
- International Space Station（国際宇宙基地）に行く。
- 土星の輪の上の Space Station(宇宙基地)に行く。

前にも述べたように、遠隔観察とは、単にその場所の光景、音、感触、匂いなどを感じるだけの物ではない。その場所にある感じ、感情、そして想念をも感じることが出来る。何人かの宇宙飛行士は宇宙に遊泳している間に次のような感じや思いを持った:

- 全ての人々はお互いに繋がっている。
- ここは良く知った場所、家のようだ。
- 絶対は無い。
- 私たちはお互いに助け合う必要がある。

身体は CE-5 の輪の中にありながら、遠隔観察をして、貴方は宇宙で何を見、何を感じるだろうか?

ウエブサイト
もっと遠隔観察について学ぶためのウエブサイトの例。

Prudence Calabrese's Remote Viewing Course (7 videos) https://youtu.be/uij1clj9FzY
The Secret History of US Remote Viewing https://youtu.be/kUOu7MJnpO4
Ingo Swan – Human Super Sensitivities and the Future https://youtu.be/rHH5PBS2H_I
Joe McMoneagle, The Stargate Chronicles, MUFON Conv 2/16/06 https://youtu.be/egk7V8XKRWQ
John Vivanco Psychic Spy – Part 1 of 3 https://youtu.be/ZTEtvMoUjas
John Vivanco Psychic Spy – Part 2 of 3 https://youtu.be/y0W8MHbZ9N0
John Vivanco Psychic Spy – Part 3 of 3 https://youtu.be/NXvT0OC98Nc
Lessons Learned from the Stargate Program with Edwin May https://youtu.be/L811nO601sg

生体電磁気コミュニケーション

人類は大変パワフルな力場を放射する可能性を持っています。私は偶発的な念動の瞬間を経験したことがあり、それは、私自身にこの事を証拠付けたのです。私たちは、この部分が CE-5 の前進を促し、そして、私たち自身の進化に繋がると信じます。この進化したコミュニケーション技術を分かち合ってくれたニュージーランド、アオテアロア CE-5 のジェラミー (Jeremy) に大いなる感謝の念を送ります。

この方法は、特に心臓の生体電磁気を通したコミュニケーションに焦点を合わせています: トーラス（円環面体、ドーナツの様な形態）とトロイド (円錐曲線回転面体、トーラスの形に沿って流るエネルギー場)です。これは、証明された間近な ET との接触と交流の数ケースの体験に基づいています。

原則:

- 意識の自己再帰の性質を表するのに使われる幾何学的な形がトーラスである。トーラスは意識その物の働きを定義するのに用いられる。故に、意識は幾何学的構造を持っている。

- トーラスは、エネルギーの渦が形を作り、それ自体が曲がりながら戻り、またその中に入る動きを作る。それ故、トロイドのエネルギー場は持続的にそれ自体を新鮮にし、持続的にそれ自体に影響を与える。

- トーラスが均衡を保っていて、そしてエネルギーが流れている時、私たちは真正の自身であるための完璧な状態に居る。真正さは ET と天の存在との交信の鍵である。

- 心臓の電磁場はトロイドの場であり、それは体全体と交流し、外側の環境の中へと流れる。それは、言葉を用いないエネルギーのコミュニケーションの形であり、お互いとの、環境との、そして他のタイプの存在とのコミュニケーションを効果的に図ることが出来る方法である。

- トロイドの場はホログラフ(全体とその一部が同じパターンを持っているエネルギーの形態) なので、全体としての宇宙は、その内の一つの場の周波範囲にあると考えられる。これは、私たち一人一人が全宇宙と結びついていること、そして、いつでもその中の全ての情報を得る事が出来ることを意味する。

過程の概要:
次に記するのは、誘導瞑想の形でチームの進行係によってなされるべき一般的な手順である。この手順は固定したものでは無い。それは、しながら展開を決めていく手順であり、創造性と柔軟性を持って対応するべきである。この過程の間に重要な接触が起こるかもしれない。だから、順応性が時として必要とされる。自然に起こる事象の中で導かれ、そして緊密なエネルギーと上記の原則の中に留まる。

- 宇宙平和と"一つである事"に向けての全体としての意図を持った完全に統一された CE-5 チームとして、一緒にこれを行う事が重要である。この意図に自然に共鳴する人たちで特別なチームを編成しても良い。

- CE-5 のチーム内で、緊密なトロイドのエネルギー場を作り上げる。もし、この過程を初めてするのであれば、まず、共鳴するエネルギーの瞑想 (74 頁) をする。一旦、緊密なトロイドのエネルギー場を作るのに慣れたら、貴方自身で、貴方のチームにとって最も効果のある方法でそれを作る。それから、この過程を続ける。新しいアイデアをやってみる。

- チームの全体としての意図をトロイドのエネルギー場の構造内に留めることを、意識的に選ぶ。一つであることに焦点を合わせる。聖なる意志に基づいて、貴方のハートをトロイドの中に溶け込ませ、全色のスペクトルを活気づける。意識の中で、もっとはっきりした、もっと明るいその形を見ながら、それがどんな風に貴方を取り巻いているかに気づく。意識して、チームの他の人たちと溶け込む。

- 感情(E-motion)とは動いているエネルギー (energy in motion)である。貴方のハートの中心を愛、喜び、感謝などの感情で満たすことで、トーラスのエネルギー場を活気づける。これらの感情を溢れさせ、そしてトーラスの波動構造の中に溶け込ませる。エネルギーの流れの割合の増加を感じ、それが結果として、それをもっと活性化するのを見ながら。チームの輪の真ん中にあるゼロ・ポイント・ハート・エネルギーをチームのハート・センターとして、それに焦点を合わせる。

- 私たちの一人一人が宇宙全体と繋がっていて、私たちのハート・センターを通じて、いつでもその中のすべての情報を得る事が出来る事を認める。私たちのハートの中にあるものに通じることによって、私たちは文字通り、無限の支給と宇宙の叡智に繋がる。これが、私たちが奇跡と呼ぶものを起こす事を可能にする。私たちのハート・センターの中にあるこの気付きと統合する。それを宇宙の真理としてそれと共鳴し、私たちから放射させる。

- この空間をコミュニケーションのために空けておく。心臓の電磁気のトロイドの場を通してエネルギー状の情報を送る。始めに、エネルギー状の招待に焦点を合わせる。この招待を周りの環境に送り、それから、意識でトロイドの場を拡大して離れた場所へ送る。地球全体を包み込む大きさまで拡大し、それから、貴方のいる場所まで縮める。これを数回繰り返す。一回ごとにより遠くへ拡大し、宇宙にまで拡大する。この意図に共鳴する全ての存在を招き続けながら。貴方がこの形を通して放つ情報は、他の知覚ある存在によって受け取られるだろう事を知る。招待のエネルギーを放射し、コミュニケーションを確立する事が重要であるとの信念を放射する。応答のための合間を保つのをも忘れずに。

- 共有するトロイドの場の中で貴方の焦点を移動させる。その内面と外面の両方でトロイドの意識を無限の大きさに拡大し、そして同時に無限に小さいものに縮小することで。意識して、ハート・センターの電磁気力を或る場所に流す。はじめは近くの地域内へ、それから他の場所へ。その場所にいるかもしれない存在たちと接触する意図を反響させる。貴方自身を最大限に拡大させ、そして可能な限り感じる。彼らが居ることを、貴方と貴方のチームにとって明瞭で、疑いようが無いような方法で示してくれるよう彼らに頼む。もし、コミュニケーションが確かめられたら、チームにハート・センターのエネルギーをその場所に合わせて送るように指導する。そして、存在たちに彼らに取って可能であれば、姿を現し、私たちと交流するように頼む。彼らと、さらに接触するためのエネルギーを保持し、地球の大使である喜びを楽しむ。

音と音楽

バーバラ・マシーニアク(Barbara Marciniak)は、プレアデス人とのチャネリングの集積の中で音についての重要さを述べている。

"音は意識の変換のための道具である。私達が貴方がたに勧めるのは周波を保持すること、つまり音を通じて貴方がたが自身の周波を調節する方法を学ぶ事である。音はどんな物質にも浸透でき、分子を動かし、そして、現実を再構成する。音が貴方の体を演奏することを許す事によって、貴方は音との協働を始められる。貴方自身に集中し、心の曇りを無くし、音が貴方を通して出て来るのに任せる。古代のミステリー・スクールはこの方法で音と協働した。そして、それがグループでなされると大変パワフルな手段となる。ある期間、それをすると、貴方は音を使う事に大変長けるだろう。それは、丁度、パワフルな道具が幼児に与えられるようなものだ。適切な知識もなく、している事の結果を知る事もなく、何かが出来る時のようなものだ。

"競技場や公演場で音が何をするか、考えてみよう。観客の声援の声やブーイングは環境を作り出す。貴方がグループで一緒に音を発すると、貴方自身のための環境を作り出す。貴方は、或るエネルギーが貴方の体を楽器として演奏するのを許す。既存する考えを捨て、異なったメロディーとエネルギーに貴方の肉体を使わせる。それらが地球上にそれら自身を表現する機会として。実際に貴方が経験するのは、貴方自身を通じて表現することを許したエネルギーの生命力である。貴方は通路となる。貴方は、一つの波動をその輝きに満ちた状態で貴方の体を通して地球上に来させる。貴方の体と音との協働によって。貴方は何かを生み出す。貴方はエネルギーのために機会を作り、エネルギーはその機会を利用する。

"音は進化する。人類はトーニングをする事で楽器と成り得る。体を通して出された、音の或る種の組み合わせは、情報と知性の周波を解き放つ。ハーモニクス（harmonics:和声唱）の後の長い沈黙は、人類が彼等の体を使って周波を受け取ること、吸収することを可能にする。また、呼吸と言う乗り物 を使って彼等を恍惚状態へ連れて行く事を可能にする。他の人たちとトーニングする時、貴方にはグループ意識への通路が開く。トーニングの音を出す前には無かった事だ。鍵になる言葉は"調和"。

"貴方が音で何をするつもりかが、最も重要である。もし、貴方の意図が明瞭でなければ、音は自体を音で包み込み、そして本来の許容量を超えることが出来る。自体の影響で二倍にも、四倍にもなる。貴方が音で何をするつもりかの明瞭な意図を持つ事は、貴方に取って非常に重要である。音はエネルギーを活気づける。音は屹立する柱の形の波を作り出す。周波の上に周波を築きながら。このエネルギーは何にでも、どこへでも向けることが出来る。貴方が輪の中で、あるいは光の柱の円周の中で音を出す時、貴方が今までに知っていたのより、もっと多くの事が出来る柱を創造する。それは、爆発を作り出し、そして多くの現実を破壊し、創造することが出来る。"

Bringers of The Dawn より (*日本語訳本の題：'プレアデスかく語りき'*)
（上記は、英語版の、この手引書の訳者による訳文）
https://www.pleiadians.com/dawn.html

CE-5 で音を使う

音楽はパワフルな道具です。それは私たちを動かし、変え、そして高めてくれる。音は私たちがリラックスし、内へ向く能力を支えてくれ、宇宙意識との繋がりを容易にしてくれる。

CE-5 の間に出来ること:

- 音響/歌をグループのおしゃべり、説明、瞑想のバック・グラウンド・ミュージックとして流す。
- 音響/歌をグループの焦点として流す。
- 一緒に歌う。
- 一緒にマントラを唱える。
- プジャ (Puja) をする。
- ハミングをする。
- トーニングをする。
- ドラムを叩く。
- ディジュリドゥー（Didgeridoo）を吹く。
- シンギング・ボール (Singing Bowl) を鳴らす。
- ベルを鳴らす。
- チューニング・フォークを鳴らす。
- 他。

色々な音を使う方法の内、グループが最も好きなものを貴方の CE-5 の日程に追加する。

もし、貴方のための癒しの道具として音に興味があるのなら、以下の方法がある:

- Tom Kenyon ウエブサイトの sound healing page のページに行く: http://tomkenyon.com/music-sound-healing
- モーツアルトか、他の貴方を元気づける音楽を聴く。Samoiya Shelley Yates は、これについて、彼女の驚異的な話しの中で述べている: https://www.youtube.com/watch?v=KHGyu_AXNWg&t=9s
- Monroe Institute のウエブサイトに行って、hemi-sync CD を得る: https://www.monroeinstitute.org/store
- Omnec Onec の Soul Journey meditation を聞く。美しい交響曲が全ての意識状態を通して流れる: http://omnec-onec.com/meditation-cdsouljourney/
- ベートーベンの第 7 交響曲の最初の 3 分間を聞く。バシャール (Bashar)に依ると、この音楽には深い癒しの効果がある: https://www.youtube.com/watch?v=RpJeWvFZ_fg&t=1675s

プジャ（Pujas）

プジャとはインドに起源を持つ儀式で、ヒンドゥー教の聖者たちを崇拝する。多くの場合、大きな盆、ローソク、ベル、真鍮か銀のコップ/椀/スプーン、清水、セージ、香、花、果物、米、そして霊的に覚醒したマスターたちの絵、写真、等を飾って儀式を行う。

マントラは梵語で唱えられる。梵語はすべての インドヨーロッパ語の源であると考えられている。それは古い。もしかすると、それはこの前のゴールデン・エイジの間に話された言葉の遺物かもしれず、その起源はどこかの星にあるかもしれない。梵語の言葉は、音の抑揚が、その言葉が描写するものと最も正確に合うと考えられている。もし、梵語を高い意識の状態で正しく使えば、その事によって、ものを顕現させる事が可能であると信じる人も居る。

CE-5でするとき、プジャは世俗化される。ある神への祈りを表現するのではなく、宇宙への、あるいは覚醒したマスター達への一般的な祈り、崇拝、あるいは敬意を表現する。(例えば、釈迦、ババジ、クリシュナ、イエス、サイババ、等)。彼らは私たちの世界の霊的な発展を助け、そして、今も助けている。CE-5でのプジャは、とても簡単に出来ます。水晶や他の神聖な物を小さなテーブルに置き、ローソクを点け、線香を焚く。セージも燃やすのに良い。"オーム"を数回唱える。それから、マントラをしばらく唱える。ローソクと線香をCE-5が終わるまで燃やしておく。

<u>CE-5 で唱えるマントラ</u>

イシャ ヨガ グル プージャ (Isha Yoga Guru Pooja)
グリアー博士はとても長い、気持ちの籠ったマントラを唱える。これを覚えるのには長い時間が必要かもしれないので、簡単な方法は、これをYouTubeで見つけて、mp3に変える。オンラインのYouTubeからmp3への変換プログラムで。(like https://ytmp3.com/). 検索: "Joshua Tree 2015 - Puja with Dr. Steven Greer" https://www.youtube.com/watch?v=iN2dpW2mjn0

アイム ナ マ (Im Nah Mah)
このマントラは "神に近い" か "聖なる存在と一つ" と訳される。メロディーは: ソ-ド-ド (G４- C４- C４, あるいはどの５番目の音程でも良い)。貴方が数回メロディーを歌って全ての人が覚えたら、皆に、瞑想の間中、心の中で唱え続けてもらう。

このマントラを聞くには、ユーチューブで "Cosmic Consciousness Meditation Part 1 of 5" を探す。(https://www.youtube.com/watch?v=vo72V0S2me8)

ガヤトリ　マントラ (Gayatri Mantra)

このマントラは女神ガヤトリを崇拝する。彼女は神格とも半神とも考慮されないが、一つの至高の人格である。美しい、テンポの速いマントラは、私たちの動きをこの女性へと導く。この変換の時、女神のエネルギーは高まり、勢いを増す。　このメロディーを聞くには "Gayatri Mantra" をユーチューブで検索する。数種のメロディーがある。貴方が気に入ったのを選ぶ。

Om bhoor bhuvah svah
Tat savitur varenyam
Bhargo devasya dhimahi
Dhiyo yo nah prachodayat

翻訳:
至高の人；肉体であり、アストラル体であり、コーザル界である
すべての源であり, すべての尊敬に値する
輝く、神聖なる人; (我々は) (貴方を) 瞑想する
(解放や自由に向かって) 我らの知性を進化させて下さい。

ムーラ　マントラ (Moola Mantra)

このマントラは生きている神を呼び出す。守護と、全ての悲しみと苦しみから自由になる事を願う。これを聞くには、ユーチューブで "Moola Mantra" を検索する。(複数のメロディーがある)。

Om
Sat Chit Ananda Parabrahma
Purushothama Paramatma
Sri Bhagavathi Sametha
Sri Bhagavathe Namaha

翻訳:
Om: 我々は全ての中で最高のエネルギーに呼に呼びかける
Sat: 無形の者
Chit: 宇宙の意識
Ananda: 純粋な愛、至福そして喜び
Para brahma: 至高の創造主
Purushothama: 人類を導くために人間の形に具象化した存在
Paramatma: 我が胸の中に来て、我が内なる声となる存在
Sri Bhagavati: 聖なる母、創造の力
Same tha: 一緒に
Sri Bhagavate: 創造の父、不変であり永久である
Namaha: 貴方に感謝し、我が人生に現存することを知っている。

Balasaheb Pandit Pant Pratinidhi
による Ramayama にある挿画

トーニングとハミング（Toning と Humming）

ケイコはまた、音との協働の経験者であり、ここではトーニングとハミングの簡単な紹介をします。

私達の声は、私達の存在の全レベルでのヒーリングと変換をもたらすための道具となり得る。トーニングは感情的な強化や浄化の有効な道具である。それは、また私達をリラックスもさせ、高揚もさせる。ハミングは鎮静の効果があり、貴方を深い瞑想の状態に導くことが出来る。

私たちがトーニングやハミングをする時、発声の過程は私たちの脳を刺激し、そして音の波動は私たちが耳で聞く前に私達の体の中全体を通り過ぎる。そして、その音を聞く時、それは更に脳を刺激し、また、体の外側全体を振動させる。これらすべては、私たちを分子のレベルで動かし、私たちを自然な均衡の取れた状態に戻す。

音はまた、情報の運び手である。私たちが何かを望むとき、音を意図と共に使う事が出来る。これは事象の顕現のためのパワフルな方法であり、また、簡単で効果的でもある。意識の変換は、貴方がその力を貴方の内部に、そして外部に認める時起こる。丁度、貴方が百人以上の人々とトーニングをする時、貴方自身の声は聞き分けられないが、貴方がその大きな調和音の一部であり、その調和音によって自身が高められることを知る時のように。

トーニングやハミングをグループですると、グループの緊密さを高め、エネルギーを増幅し、そして意図を強める。私たちが愛の想いや感謝と共にトーニングやハミングをすると、パワフルな愛の波動の場を創造することが出来る。そして、それは光を地球にもたらす。

トーニングとハミングは、また、高い波動の次元でのコミュニケーションを取る一つの方法でもある。私たちの次元ではトーニングとハミングを、乳児、動物、植物、そして、もちろん、星の存在とのコミュニケーション等に使う事が出来る。

<u>トーニングの仕方</u>：普通、長く伸ばした母音が使われる。あー、いー、うー、えー、おー、等。しばしば"あー"という音が使われる。何故なら、それは私たちのハート・チャクラと繋がっており、また、それ自体強いエネルギーを持っているから。そして、仏教の教えでは"あ"は創造の原始の音であり"あ"を歌う事によって、私達は宇宙のエネルギーと一つになると、言われている。"オーム"(OM)は良く知られた創造の原始の音であるが、初めは"ア-ウ-ム"(AUM)と発音されたものが変形した物である。

1. リラックスする。
2. 意図を設定する。
3. 一つの母音を、ゆっくりと吐く息と一緒に発声する。繰り返す。音の高さ、声の大きさ、声の質などは、貴方が楽に出来て、また共鳴できるものにする。貴方自身と他の人の声を聞いて、調和を保つ事に留意する。貴方の声帯が疲れたら、しばらくハミングをしてストレスを和らげる。
4. 5分から10分のトーニングの後、最低数分間、沈黙してトーニングの効果を最大限にする。

<u>ハミングの仕方</u>：　ハミングは、自身で音を作るのに最も簡単な、そして最も効果的な方法である。また、ハミングも創造の音であり、その音は私たちの内部にいつも響いているとも言われている。

1. リラックスする。
2. 意図を設定する。
3. 唇を閉じ、上下の歯の間は極く少し開ける。
4. 音を、口腔、鼻腔、残りの頭骨の中、そして胸腔に投射する。
5. 5分から10分のハミングの後、最低数分間、沈黙してハミングの効果を最大限にする。

音を使う他の方法

ド・シャープ（シー・シャープ、C#）

地球が太陽のまわりを回る時、とても低いので人間の耳では聞こえないハミングの音を発する。バシャール（Darrl Anka を通してチャネルする ET ）によると、この音の周波数は 私たちの音階のド・シャープと殆ど同じである。この地球の太陽を回る音楽的な軌道は、ピアノの真ん中のドより 33 オクターブ低いが、この周波を、聞き取れる範囲で聞く事によって、貴方は、まだ恩恵を得られる。 もし、貴方がこの音に浸るなら、 明瞭さを得、より簡単に事が起こるだろう。貴方は、文字通り "See Sharp (明瞭に見ること)" し始める。地球は、それが自然の全てを支えるように貴方を支えるだろう。この音を、CE-5 で瞑想している時バック・グラウンド・ミュージックとして流しても良い。ユーチューブに数種類ある。

> C# solo: https://www.youtube.com/watch?v=6Q3KsrB1KM4
> C# with melodic overtones and binaural beats:
> https://www.youtube.com/watch?v=SBMXxm9X3P4&t=1254s

アナエル と ブラドフィールド (Anael and Bradfield)

アナエルと ブラドフィールドは、サモイヤ・シェリー・イエイツ（Samoiya Shelley Yates） が先導した Fire the Grid プロジェクトで協働した音楽家である。(サモイア の話は驚異的で、 ET が関わっている。彼女の話を聴くには, "Shelley Yates Vancouver Speech" をユーチューブで検索する。) *Sky Sent* と *Be Still Thy Soul* は ET 公開と今起こっている転換を主題にした美しい歌です。 CE-5 のグループの一人で、*Sky Sent* の歌を流すと ET は、それがとても好きなように思える、という人が居る。 歌詞を聴けば、それが何故か分かるだろう。iTunes で聴けるし， また https://anael.net/ に行く。

UFO や ET に関した面白い歌

CE-5 のために離れた場所へ行く車の中で聞く曲のリストを作っておく。

- Anael and Bradfield - *Sky Sent*
- Babes in Toyland - *Calling Occupants of Interplanetary Craft* (Cover)
- Billy Bragg - *My Flying Saucer*
- Billy Thorpe - *Children of the Sun*
- Blue Rodeo - *Cynthia*
- The Carpenters - *Calling Occupants of Interplanetary Craft* (Cover)
- Credence Clearwater Revival - *It Came Out of the Sky*
- David Bowie - *Starman*
- Elton John - *I've Seen The Saucers*
- Five Man Electrical Band - *I'm A Stranger Here*
- Husker Du - *Books About UFOs*
- Jefferson Airplane - *Have You Seen The Saucers?*
- Kesha - *Spaceship* (Kesha saw several UFOs in Joshua Tree in 2017)
- Klaatu - *Calling Occupants of Interplanetary Craft* (Inspired by World Contact Day)
- Spiritualized - *Ladies & Gentlemen, We are Floating In Space*
- Yes - *Arriving UFO*

CE-5 日程の例

貴方独自のスタイルを作り上げるまで、最初の数回は以下の日程の内の一つを手本にして下さい。

私たちの 典型的な CE-5
- 準備のため、野外の CE-5 の前の週に、3回瞑想をする。
- 当日、輪になって座り、グループの意図を設定する。
- オープニングに"オーム"を3回一緒に唱える。
- 唯一の意識と繋がるため、目を閉じたままで瞑想をする。
- 星座、惑星、北極星などの位置を示す。
- もう一つ瞑想をする。目を開けたままで空を見ながら。
- 空の観察、経験談などの交換、笑う、スナックを食べる、寝袋の中で心地よくして居る。
- 終わりに皆で、グループの人たちと ET に感謝する。

科学的な人達のための CE-5
- 輪になって座り、その夜の意図を設定する。
- 空の方位付けをする。
- 使用する器具についての説明をする (EMF メーター等)。
- コンタクトに肝要な要素の確認をする：唯一の意識との繋がり、科学的なハート、明瞭な意図。
- グリアー博士の"新しい世界像"の瞑想（62 頁）をする。
- 天文学の専門家に星座、星、惑星などについて教えてもらう。
- 空の観察。そして、UFO であると認められた物とそうで無い物をどう区別するかを教える。
- もっとも信憑性のある UFO 接触の話、公開された書類などを読む。
- 霊性と科学、感情と論理、心と意識の相互作用について討論する。
- 沈黙のうちに空の観測。分析・思考から離れて … その代わりにワンネスと愛に焦点を合わせる。
- この実験への各人の参加に感謝して終わる。

霊的な人々のための CE-5
- 輪になって座り、手を繋ぎ、オープニングの祈りをする。
- その夜の意図を設定する。
- 浄化の瞑想をする。
- 誰かにワンネス瞑想をリードしてもらう。
- 沈黙のうちに空の観察をする。
- マントラを一緒に唱える、あるいは一人の人に唱えてもらう。
- グループへの、存在からのメッセージを受け取るための瞑想をする。
- シンギング・ボールを鳴らすか、ディジュリドゥを吹く。
- 再び空を観察する。
- 終わりに: 手を繋ぎ、祝福と感謝を、母なる地球、父なる天、お互い、源、そして ET に送る。

マット・マリボナ（Matt Maribona）の CE-5
- 外へ出る。
- 貴方の人生で愛を感じた全ての時の事を考える。例えば、貴方が恋に落ちた時、赤ちゃんを抱いた時、愛する人の死を見守った時、夏の日にアイスクリームを楽しんだ時、子犬に顔を舐められた時、落日を眺めた時、見知らぬ人に笑いかけた時、素晴らしい音楽に合わせて踊った時、自然の調和を感じた時など。
- 見上げて、ET がそこに居るのを知りつつ "ハイ (Hi)" と言う。

ジョーシュ（Josh）の K.I.S.S. CE-5
- グリアー博士の瞑想をする。
- ピンク・フロイド(Pink Floyd)の音楽を聞きながら空を眺める。

グリアー博士の CSETI トレイニング遠征の日程をモデルにした CE-5
- 始める前に、クロップ・サークルの音をスピーカーで流す。ウオーキー・トーキーか、無線ラジオ伝送機で宇宙へと発信する。これを、用意して居る時や休憩の時にする。
- 一般的な討論、質問と答えの時間。
- 空の方位付けをする。
- レーザー・ポインターを使って信号を送り、チームの位置を ET に知らせる。
- プジャの儀式は、異常な光など、ある種の信号を受け取ったら始める。儀式のために立ち上がる。あるいは、その代りに、お互いへの感謝の言葉と、宇宙の平和を私たちの惑星にもたらすために喜んで彼等に会う事を述べる。
- 瞑想に入り、30分から45分の間、沈黙の内に座っている。グループが目を閉じてする瞑想をしている間、一人、空の見張り役として指定する。
- 瞑想の間の経験の報告と討論を約一時間する。ET のしている事を観察しながら。
- 間食の休憩、社交的なおしゃべりの時間、生理的休憩を取る。
- もう一回、瞑想、報告と討論をする。
- 手を繋ぎ、感謝の気持ちを表現することで輪を閉じる。
- 野外活動の後のパーティをワイン、チーズ、クラッカーでする。

リサ・ロイアル・ホールトの CE-5
- セージを取り入れたオープニングの儀式をする。その地域の霊や土地のガイドへの歓迎も含める。
- Gayatri Mantra などを使ってその土地に居る許可を得る。
- リサはその日、学ぶトピックについてチャネリングをする。もし、チャネラーが居なければ、何かトピックを選び、それを発展させる。リサのイベントではコンタクトの瞑想の間、存在はチャネリングを通じてグループを指導する。
- もし、異常な現象、例えば天気の異変などが起こったら、何が起こっているのか感知する。それは人間の知覚を超えており、良く環境を通して現される。
- ET の写真を使って、存在のエネルギーと繋がる。
- 日程は流動的で、状況、状態、その日のグループ、そして受け取ったメッセージによる。

CE-5 アオテアロア – 新しい人のための CE-5
- 野外の活動の前に、CE-5 について話すための型式ばらないミーティングを持つ。
- もし、新しい場所を選ぶのなら、ET に導いてくれるよう頼み、そして、はっきりとしたサインで確認してくれるよう頼む。
- CE-5 を学びたい人は誰でも招待する。チームとして要求されることに同意する限りであるが。
- Coherent Thought Sequencing (CTS)を CSETI アプリケーションを通じてイベントの前に行う。
- イベントで: イベントの進行係が新しい人を歓迎し、紹介する。場所と空の方位付けをし、何が起こり得るのかを話す、等。
- ペアを組む: 可能な時はいつでも、新しい人を経験のある人とペアにする。
- 個々人はイベントに参加している意図を話す。
- 私たちの平和への変換を助けてくれるよう、私たちに加わるよう、全ての存在に呼びかける儀式で始める。感謝の念を持ち、彼らとお互いに謝意を表する。
- 感謝するものの全て、お互い、家族、パートーナー、ペット、地球、CE-5 が出来る事、などを認める事で貴方のハートを愛で満たす。
- CTS のオープニング瞑想をしてから、沈黙の瞑想をする。(次頁へ)

- グループでの話し合い、短い休憩。また、そうしたい人はその辺りを歩き回る。経験を積んだ人が新しい人を支援しながら。
- その後は瞑想と討論、経験の分かち合いをする。自然な流れに従う。
- 感謝の儀式、謝意を表する、祈り、音楽などで終える。

CE-5 アオテアロア – 経験のあるチームのためのCE-5

- 3、4日間のイベントを計画する。時間が多ければ多いだけ、より深い経験を得る可能性が高い。
- 毎日 CTS 瞑想をする。その CE-5 の場所のために、少なくとも２週間前から。
- すでにコンタクトが確立された存在との更なるコンタクトをする意図を設定する。CTS の間に、この関係が相互に取って有益であることを望むと明瞭に知らせる。
- 緊密なチームを作るために、お互いを知る。私たちがお互いに近ければ近いだけ、彼らも私達により近くなる。CTS をする間、他の人の顔を思い浮かべ(非人類も含めて)、全てが一つとして協働することに焦点を合わせる。
- 参加者のメール・リストを作り、コミュニケーションを勧める。見た夢、遊離体験、遠隔眺望、数字、あるいは他のイベントと関係あるかもしれない経験を書き止め、全ての人にメールを送る。
- イベントの前の１週間とイベントの間は軽い食べ物を食べる(菜食が望ましい)。
- オープニングの祈りかトーニングで始める。そして、グループで経験を分かち合う。
- 共鳴するエネルギー瞑想か、それに似た、チームの全てのエネルギーのセンターを繋ぐ瞑想で進める。これを地球と繋ぎ、そして、私たちを取り囲んでいる環境に拡大する。
- 愛、喜び、感謝、そして平和のエネルギー場をチームの中心に保つ。
- 存在がチームと合併するという意図を保つ。
- 生体電磁気のコミュニケーション(88 頁)をする。それから沈黙の瞑想をし、'見た物や現象を話す'の時間に入る。これは、チームが同じ遠隔観察の状態にあり(理想的には)、それ故、同じ情報を得る事ができる時のことである。器具 (tri-field meters など)、また、集合的な同じ経験（イメージ、感じ、普通でない動き、CE-5 の場所のある箇所への 惹きつけ、等）を通しての確認を頼む。
- もしメーターの反応があれば"質問と応答"に進む。貴方が接触しているのが誰か明白にする。"私たちは ET の存在と接触中なのか、確認してくれますか？" など、どのタイプの存在かの確認を頼む(ET, 天界の存在、霊など)。もしメーターを使っているなら "はい、いいえ" で答える質問をする。"いいえ" は多くの場合、沈黙である。もし "はい" であれば、それが何についてかを明確にする。同じイメージや感じ等があるかどうか, 集中を保ち、さらにそれを発展させる。テレパシーイーで情報や理解を深めることを頼む。そこに居る存在にチームと溶け合うよう頼む。流れに従う。
- エネルギーの流れと情報のダウンロードに焦点を合わせる。
- もし、エネルギーで ET との繋がりが出来たら(普通 EMF メーターで分かる)、エネルギーを分かち合い降ろすためにチームは手を繋ぎ足を地に付ける。世界中の CE-5 チームの間で自由にエネルギーを分かち合う、単純にそうする意図を持つ事によって。喜びの感情を保つ事によって、この光のダウンロードの激しさを保たせ、それを地球に降ろす。微笑む。情報が既知の物になるのに任せる。
- その後は自然に起こる事に従い、瞑想、討論、経験の分かち合いをする。チームに、経験した事は何でも自由に話す事を勧める。
- 参加した全てに感謝する儀式で終わる。

ロバート・ビンハム（Robert Bingham)の UFO を呼び出す方法

- 臨死体験の後、ロバートは常に UFO を見るようになった。また彼は例外的な新しい能力と霊との繋がりを得た。彼は UFO を日中、彼の住んでいるアメリカのロサンジェルスの混雑した市街であれ、ビーチ、公園、であれ呼び出す事ができる。彼の話は、私達それぞれの ET との出会いが、私達がそうであるようにユニークなものであることを示すもう一つの例である。
- 解放した心と意識で始める。良い意図を持つ。空の一点に集中する。テレパシーで言う。"どうぞ、来てください。有難う"。そして、空を観察する。

コスタ (Kosta) による ETLet'sTalk リトリートでの CE-5 の活動:
- グループの其々の人、世界中の CE-5 社会、そして、宇宙意識と繋がるように瞑想をする。
- ポジティブなエネルギーのみがグループの場を包むように、エネルギー浄化の瞑想をする。
- 方位付けをし、夜空の正座、星、惑星について教える。
- ET の飛行船と人工の飛行体の、そして自然な空の現象と地上の現象の適切な見分け方を教える。
- 目撃の適切なプロトコールを、空の位置、指し示す道具なども含めて教える。
- 空の観測と瞑想を指導する。(空の観測は沈黙の内にするのと、話しても良いのと、交互にする)。
- 夜を通して、適当な時に、重要な ET コンタクトの経験話しをする。
- 生理的必要のための、間食のための、社交のための休憩を取る。
- 空の観測と交互にしながら、もっと瞑想をする。
- 手を繋ぎ、ET も含めた、そこに居る全ての人に感謝して野外活動を終える。

ジェイムス・ギリランド (James Gilliland) の ET コンタクト

ジェイムスは日程を作らない。ECETI (The Ranch) での空の観測は非形式で楽しい。ジェイムスが言うように、"つまり場所なのだ。彼らが只 ここに居るだけの事だ"。ジェイムスの主な、目撃をふやすためのヒントは: "コンタクトするには、貴方のガラクタを整理する事"。どう言う事かというと、恥、傷跡、批判、我儘、執着、貪欲、エゴ、などを癒す努力をする。そこでの主要なテーマは喜びである。喜びをもたらす物を育成する、笑いと愛を歓迎する、そして空を見上げる。

宇宙人プロトコール (Alien Protocol) の上級プロトコール

イベントの前に2、3週間の準備期間を置き、その間:
- 肉や卵を食べない。
- ドラッグやアルコールを摂らない。(薬や儀式でのワインはオーケー)。
- 1日に2回、30分の瞑想をする。ワンネスと宇宙と繋がるため、貴方の完全な自然体を理解するため、貴方の正確な位置を示し、どの様な出会いをしたいかの特別な要求を視覚化するため。
- ネガティブなエネルギーを取り除き、波動を高めるための儀式としてのシャワーを1日2回、5日間浴びる。
- 3回、暗い所か気味の悪い場所で瞑想する事によって、貴方の恐れに向き合う。貴方の恐れに愛を持って立ち向かう。
- チョコレート、マグワート(mugwort)茶、作戦/言葉のゲーム、そして、双聴覚用音楽(binaural beats)で、セタ脳波を増やす。
- 野外活動には少なくとも二日かける。安全で一目につかない場所で。
- セージか神聖なタバコを燃やしてその場所を浄化する。
- グループで、1日に3回瞑想する。太極拳/Solar Solutatiaon (ヨーガの一つの動き), トーニング、ハミングも含める。
- 夜、瞑想をし、声を使い、ハーモニックの音楽をながし、全てと繋がる。
- 人々がリクエスト、アファーメイション、祈り、感じ、そして遠隔観察の印象を書き止めるためのペンと紙を配る。
- もっとプロトコールはあるが、Alien Protocols Group は言う: "...ここまで来たのなら、後は自分自身で考えられるだろう!"

Sixto Paz Well からのアドバイス

Rahma がどの様なコンタクト・イベントをするか知らないが、私たちが Sixto から教えてもらった事がある。それは、ET との接触のために私たちが開発すべき最も重要な能力についてである。"瞑想" 58 ページの"グループでチャネリングをする"を参照。

トラブル シューティング

進歩が遅い:

もし貴方が殆どの時間、ゆう鬱である、不安である、恨みっぽい、拗ねている、敵意を持った懐疑主義者である（適度の懐疑主義は良い事である）、腹を立てている、自己の権利のみ主張する、残酷である、厭世的である、などであるならば、....そう、貴方は、それでも持続的な目撃をするでしょう...そのうち！ 今の時点では、貴方には、やるべき仕事があります。

- 良いカウンセラーか霊能者、あるいは、セルフヘルプの本かビデオ等を見つける。

- 貴方は自身の人生に責任がある事、貴方が自身の現実と未来を創造するという事実を受け入れる。たとえ過去に酷い目に会ったとしても。そうです、人生は時として思う様に行かない。その時、それを他人のせいにして、自分は正しい思うかもしれないが、それがどんな役に立つでしょう？ 一歩踏み出し、もっと良い方向に歩いて行く。貴方自身と状況に平和をもたらそう。

恐れ:

ETとの接触についての、私たちの最も大きな恐れは、拉致やハリウッドが描いて見せる宇宙人の攻撃では無いのでは無いでしょうか。それは、ETとのコミュニケーションを取るに十分なだけ私たちの波動を高くする事によって、私たちの自己を失う事への潜在的な恐れであるかもしれない。(Lyssa Royal Holtの本 Prepare for Contact を参照)。もし、貴方がチャネリングによって得られた情報に信憑性を認めるなら、安心してください。何故なら多くの情報源は、貴方の個性は次元を上昇することによっても失われる事はない、と言っています。 最終的に貴方が源と再統合する時でさえ。(Seth, Billy Fingers, The Hathors)。貴方の恐れが何に対してであるかに関係なく、貴方がCE-5をすればするだけ、貴方はもっとリラックスし、貴方の望む事に焦点を合わせるようになる。貴方が恐れていることに焦点を合わせるのではなく。それらの恐れは時間と共に消え、貴方は貴方が望む経験をするでしょう。

では、とても頻繁になされるCE-5の討論を紹介しましょう：

"ネガティブな ET は存在するか?"
CE-5の世界では、これについて論争中である。この本は貴方に答えを上げるためのものでは無く、貴方自身で探検し、判定する方向を与えるものである。 ある人々は、どんなETでも時間と空間を超える能力と技術を持っているETは、また、生来、霊的に進歩している、と考える。他の人々は"自分達だけへの奉仕"種族が、今も過去にも居て問題を起こしたり起こしている、と考える。

意見の相違を克服することは、私たちの進化の過程での大きなステップである。貴方が何を信じるか決める時、他の人の信じることを踏みつけにしないようにする。人々が彼ら自身の結論に達するのには正当な理由がある。各人は独得で、彼ら自身の個性、歴史、引き金になるもの、恐れ、望み、以前の信念体系、そして現実がある。そう、そうです。貴方は多分、正しい。そして、もし、貴方が本当に正しいとして、そして、"私は正しい"バッジのそばの霊的誠実さのバッジを見せびらかせたければ、リラックスして、他の人が彼ら自身の現実に基づいて行動するのを許さなければなりません。究極的な現実は固定した、不変の事実とは何の関係もない。各人が自身の宇宙であり、彼らの人生の要素は、彼らの言葉や物質的な創造にあるのではなく、彼らの感覚と姿勢にある。簡潔に言い換えるなら: もし貴方が、他の人が"間違っていることで間違っている"と思うなら、貴方が ... 間違っている。

貴方がネガティブなETが存在すると思うかどうかに関わりなく、私たちはCE-5が安全な場所である事を保証できる。私たちは、CE-5で接触したETとの経験で、一つとしてネガティブなものを聞いた事がない。"私たち"は大きな数である。何十人もの人がこの手引書に情報、知識を貢献した。何十年にも渡る何千人もの人たちのネット・ワークの経験を元にして。もし、そのような事があったら、それを聞いていたはずだ。CE-5の人たちは話すのが大好きだ。（確かに、CE-5の人がネガティブな経験をした話を聞いた事はある。が、それは他のCE-5の人との経験だった！）主題に戻ると、私たちは、この仕事をする時、愛する気持ちを養う事が必要であり、それがネガティブなETを除外すると、信じる。もし、彼らが居るとして。

"それでは、ここではっきりしておきたい。拉致される可能性はあるのか？"
もし、貴方がCE-5のプロトコールのどれかを使っていれば、それは無い。CE-5の外側でも以前のようには心配する必要は無い。拉致の報告は減った。

ちょっと横道にそれて、拉致とはどういうものか見てみよう。これは最も興味ある領域なので。ある人たちは拉致を行うETは愛情深い科学者であると信じる。私たちの系統を守る為にDNAを調査しており、その行程は私たちを怖がらせるつもりのものではなかった。彼らは又こう考える。拉致を経験し、それを覚えている人達は、ちょうど子供が、長い目で見れば有益であるが、彼らの意志に反してなされた医療処置を記憶しているのに似ている、と。他の何人かは、拉致は非同情的なプロジェクトであり、人類のDNAは宇宙人種との混合のためか、あるいは、彼らの為だけの目的に収穫されたと信じる。どちらを信じるかに関わらず、今日起こっている拉致は軍隊と産業の共同劇であり、公衆を怖がらせるため、そして、すべてのETを貶めるためになされていると、考えている人が多く居る。しかし、この場合にしても、貴方が最後に拉致事件を聞いたのはいつだろう？もしかすると軍の私たちを怖がらせるための予算が縮小しているのかもしれない。何であれ、拉致の全勢時は終わった。

"すると、心配する必要は無い？ それでも、まだ心配だ。納得させて下さい"
まあ、ネガティブの存在に対して少しくらい用心するべきかもしれませんね。

"今、ネガティブな存在と言った？"
警戒しないでください。ネガティブな存在とは何か？幽霊、霊、多次元存在、ネガティブな想念、低い波動など、が含まれる。怖いと思うかもしれないが、もし、貴方が良い人で、通常元気であれば貴方は大丈夫です。これについては、私は信頼できるチャネラーに聞きました。彼女の守護霊は、最近ではネガティブな存在は殆ど無害である。なぜなら、人類はその波動を高めたから、と言った。昔は"悪魔"による憑依とネガティブな存在からの妨害的な影響はもっとよくあった。ネガティブな存在は、私たちのパワフルな肉体力に惹きつけられる。その力は、彼らを均衡状態にもどし、彼ら自身ではどうする事も出来ない無力さから抜け出すのを助ける。彼らは他の何よりも寄生虫である。そして私たちのエネルギーを吸い取る。しかし又、私たちの周りはポジティブな存在で溢れている事も覚えているように、と言う。もし、貴方の波動が高ければ、貴方はこれらの迷惑な存在に気付きさえしないだろう。もし、貴方に付いている2、3の存在を振り落したければ、セージかスイートグラスはとても効果的である。その煙の持つ濃密な中性化の性質のため。それとも、浄化、ジェイムス・ギリランドが瞑想の部門で分かち合ったような瞑想をする。貴方を"守る"と"癒し/浄化する"との間の言葉の意味の微妙な違いを理解する。一方では貴方は被害者であり、もう一つでは貴方は勝者である。ネガティブな存在は、貴方が彼らにそれを許す分だけパワーを持つ。もし貴方が、軽薄な苛立たせる存在の一人を惹きつけたとして、どうしてそれを知る事ができるか？貴方が感じ、行動する仕方で分かる。たとえ、貴方がネガティブな存在を信じないとしても、もし貴方が馬鹿者みたいに振る舞い、貴方自身気分が悪いとき、それとも、とても悲しいとか、怖い、疲れている、などの時は、それについて何とかするべきかもしれない！

"ネガティブなETの考えから逃れられない"
問題ない。私たちのグルーぷにはネガティブなETの存在を信じている人が多くいる。それで、私たちはこの事について徹底的に調べてみた。これらの理論で貴方をなだめよう。

- '公開'の過程は惑星が進化する一つの方法であることを、原始の話やチャネルされた情報が示唆している。貴方は、もしかすると、暗い惑星から暗い惑星へ渡り歩く霊のチームに属しているかもしれない。彼らは宇宙の遠くから、専制の下に生きる人たちが他の文明と接触することで向上するのを助けている。CE-5と'公開'は惑星の向上のための神聖な過程であり、それに対する宇宙的な支援があり、悪意のある存在が弄ぶ事はできない。

- "CE-5は神聖である"という理論に従えば、敵愾心のあるETの種族が宇宙の法則を破った時、高度に進化した文明の代理人からなる銀河連合が協力して、そのETを制止する可能性が高い。私たちすべてに自由意志が約束されており、それは、犯罪者として、また被害者として生きることを含んでいる。しかし多くの人は、この惑星上での堕落は行き過ぎている、と信じる。地球は助けが必要だ。だから、"自己奉仕"の存在は境界を侵し、"他への奉仕"の存在の軍団は支援に来る。

- これらの理論を証拠付け、また拉致の報告の減少を確認する幾つかのチャネリングがなされている。それらは、ネガティブなETは1990年代以降、地球から追い出され放逐された、と報告している。

- 理論を離れて、これを引き寄せの法則の見地から見てみよう。コンタクトを図ることに魅かれる人たちはすでに高いレベルで振動しており、そして、より低い波動の存在とのコンタクトは単純に釣り合わないものである。考えてみて下さい。喜んで"変な人"に見られながらCE-5をする人は、誰であれ、第1級の恐れ知らずの証明である。

- 最後に、コンタクトのレベルはグループの中の"最低公分母"に普通、制約される。例えば、一人の人は面と向かったコンタクトの用意が出来ているが、残りのグループがそうでなかったら、それは起こらない。これを逆に考えて下さい。もし、一人の人が幸せな沢山な人達より、ずっと波動が低いとすると、幸せな人たちの力は波動を均等にし、嫌なETやネガティブな存在とのコンタクトの可能性を無くす。

最終的には、貴方の現実がどんなものになるかを決めなければならない。人生は正反対の物を含む巨大なバイキングである、正当な理由によって：貴方が選べるように。全てのネガティブな事を、私たちがそれから学ぶ人生の一部として受け入れる。だから、私たちは望む現実を創造できる。これは、貴方の舞台です！ 貴方自身と貴方自身の成長を大事にしよう。気分が優れない時は浄化をし、ポジティブで、楽しい、親切な人たちと一緒に居よう。なによりも、貴方の感覚を信頼する。貴方の前に現れるそれぞれの状況の波動を感じ取る。それに背を向けるべきか、そちらへ向かうべきか、知るでしょう。貴方はそれが出来る。

"まだ、怖い"
無理しないこと。この章の最初の部分"進歩が遅い"を参照。(100頁)

> 役に立つヒント：もし、貴方がチャネリングを信頼するなら、貴方の識別力を使って、良い情報であるかどうか確かめる… チャネリングの幾つかは悪い影響を受けやすかったり、あるいは単純に明確ではなかったりする。

6回までに目撃は起こる

貴方がこの三つの要素に焦点を合わせるなら：

1. 唯一の意識との繋がり
2. 真摯な心
3. 明瞭な意図

貴方は6回目のイベントまでに目撃すると、私たちは信じる。

もし、貴方が数人と野外に出ることが出来れば、万全です。 この本の中の幾つかの提案を試してください。レーザー・ポインターや電波探知機は必要ありません。 ただ、星の下に出るだけです。

目撃があったら、それを他の人に報告してください！ 貴方が見た物、内的な経験、そして、貴方がその時何をしていたのか … ETLet'sTalk に行くか、グループの Facebook のページで分け与えてください！

- ETLet'sTalk: http://etletstalk.com/
- The CE-5 Initiative: https://www.facebook.com/groups/205824492783376/
- CE-5, UFO, SIRIUS: ETLetsTalk.com: https://www.facebook.com/groups/1593375944256413/
- CE-5 Universal Global Mission: https://www.facebook.com/groups/1827858540868714/
- CE-5 Initiative Working Groups Global: https://www.facebook.com/groups/1591401614435784/?fref=gs&dti=205824492783376&hc_location=group

もし、この本の指導に従い、それでも6回目の野外イベントまでに目撃がなかったら、 私たちにメールしてください。一緒に、何が阻止しているのか考えましょう。

calgaryce5@gmail.com

ジェイムス・ギリランドが言うように "コンタクトは内から始まる"

私達は この手引書が貴方の直感に訴え、貴方が行動を起こし、そして、内部の貴方自身を拡張する事を望みます。

年間の目撃数：1910 年 – 2010 年

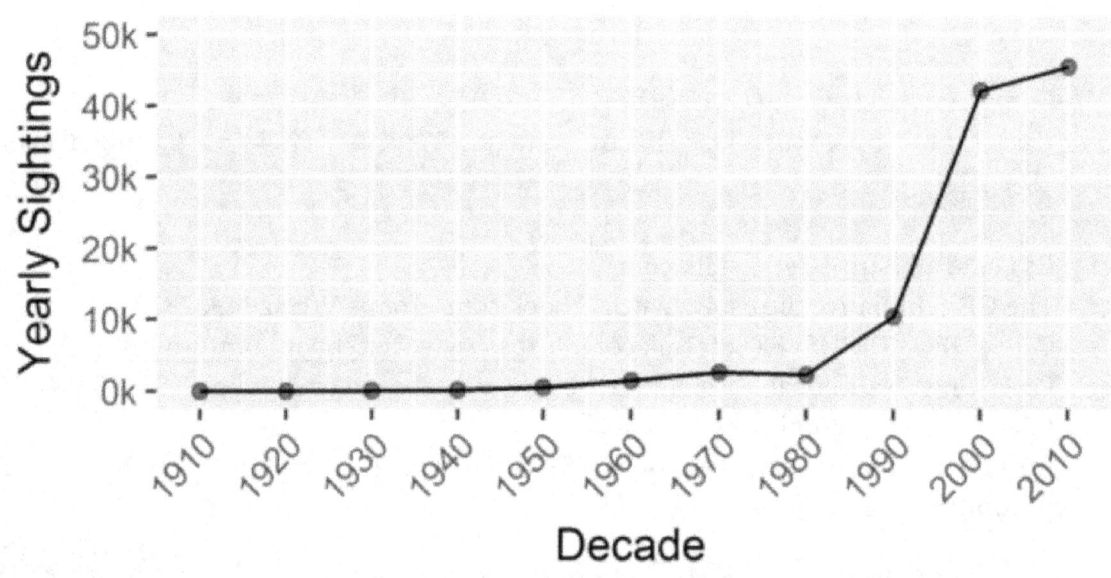

上記データは UFO 報告センターによる。
サム・モントフォード収集。

K は千の単位を表す。例：40K ＝ 4 万

第3部

論説と付録

偽りの旗 (False Flags)

もし、貴方が懐疑的にも関わらず、ここまで読んできたとしたら、貴方の、異なる見解への忍耐力を称えます。最終的にどうなるかは別として、貴方が、目撃のために役立つと私達が信じるレベルにある事が証明されました！　では…もっと貴方をテストしてみましょう。

'偽りの旗' とは、自国の市民に対して犯すテロリスト的な行動である。これによって、市民を外側の標的に対抗するべく結束させ、国内にある本当の脅威から彼等の目を反せる目的を持つ。

ワーナー・ヴォン・ブロウン (Werner Von Braun) はドイツ人の大気圏内外技師である。彼は、第2次世界大戦のあとアメリカへ連れて来られ、Operation Paperclip に所属した。彼の助手は、彼が彼女に警告した 偽りの旗の巨大さについてこう述べている:

> "私に取って一番興味深かったことは、私が彼と一緒に仕事をする機会があった約4年の間に彼が繰り返し言った同じ言葉である。彼はこう言った … 公衆と、決定する立場にある人を教育する戦略は恐れさせる戦術の使用である。まず、ロシア人が敵とみなされた。事実、1974 年には彼らは敵だった, 認められた敵…それから、テロリストが認められることになっていた。そしてそれは、すぐ起こった。私たちはテロリズムについて沢山聞いた。それから、私たちは発展路上国を '狂人達' と認めた。今は彼らを、気がかりな国と呼ぶ…次の敵は小惑星だ。初めてこれを言った時、彼はここでクックと笑った。'小惑星群対小惑星－我々は宇宙的な武器を作るのだ。そして、最も可笑しいのは、彼が宇宙人、地球外生命体と呼ぶ者だった。それは最後の怖い者になるはずだ。そして、幾度も幾度も、あの4年の間、彼と話した時、彼はこの最後の切り札を持ち出した。'そして、キャロル、最後のカードが宇宙人のカードであることを忘れないで欲しい。我々は宇宙の武装化をしなければならなくなる。そして、それは全部嘘だ。'"
> 　　　　　　　　　　　　　　　　　　― キャロル・ローズン (Carol Rosin)

グリアー博士も、又、軍部と産業複合体 (Military Industrial Complex : MIC) のでっち上げの可能性についての情報を内部の人から受け取った。つまり、彼らの権力を強化し、彼等の存在を正当化するための "宇宙人の侵略" である。

この情報を支持する、並行する、似た可能性について、バーバラ・マシーニアクがチャネルしたことがある。ある予想される時代に 私たちの新しいリーダーと私たちが、私たちが馬鹿なために、ET 種族を神のように崇拝することによって彼らが地球を支配する可能性である。

運の良いことに、今や、ドキュメンタリー *Unacknowledged* の存在は、これらの犯罪の可能性に深刻なダメージを与えている。これらの内のどれかの茶番劇が始まれば、人々がこのドキュメンタリーを、愛する人たちと分かち合い、地域社会を知識で強化するのに大した努力は要らないだろう。それと、世界中の CE-5 のグループがその地域の報道機関に連絡し、彼らの、愛情深い存在とのコミュニケーションの証拠を提供するだろう。貴方はそのためだけに、貴方が得た経験を記録し、ビデオをまとめ、そして、ヒーリングを記録して置くのもいいかも知れない。。

2001 以来 Carol Rosin は宇宙の武装化を阻止する政治活動を行なっている。キャロルは、*The Treaty on Prevention of the Placement of Weapons in Outer Space* の筆頭である。貴方が出来る最上の支援は、貴方自身の言葉で書いた手紙を各国の大統領、首相に送ることである。もっと知りたければ http://peaceinspace.com に行く。

金曜日（Friday）

アルバータ州の住人で、CE-5のリーダーであるCharles Brygdesは、毎週金曜日になると、"今日こそ'公開'が起こる金曜日ではないか！"と思うそうだ。何故なら、UFO研究者であるリチャード・ドーラン（Richard Dolan）は、'公開'は株式市場が2、3日閉鎖する前の日に起こる、と提案したからだ。つまり、世界がショックで動揺するから。（そして、少し安定すると願う）。'公開'は不快な、あるいは困難な結果をもたらすかもしれない。この理由で、世界中の政府は情報を少しづつ漏らしている。私たちが新しい模範に慣れるのを助けるために。

"'公開'は、いつ起こるのか？"
良い質問です。Richard Dolanは20年以内に起こる可能性は90%であり、それも少ない目に見積もって、と言っている。。（彼の言葉は2016年のものなので、2036年になる）。デロ・アンカ（Daryl Anka）を通してチャネルするバシャール（Bashar）は2030年から2033年の間であると予想している。Basharは予想をあまりしないし、軽々しくもしないが、9/11を年に至るまで予想した。もちろん、この予想は私たち自身の行動に関連する。貴方はどのように'公開'に貢献するのか？

"では'彼らは?' - もし彼らが公開させなかったら?"
現在、世界の権力を牛耳っている犯罪者達が、この奴隷労働に基づいた専制政治を保つために'公開'を抑圧しようとしているのを私たちは知っている。彼らの'偽りの旗'と混乱が成功すると、どうして言えるでしょう？

ビル・ブロックブレイダー（Bill Brockbrader）の話が答えをくれるでしょう。ビルは軍部の最高秘密の専門家であった。彼は非戦時にトマホーク・ミサイルを小さなアフガニスタンの村に飛ばした。ビルは自分がしていることが間違っていることに気づき、結局、軍を辞めた。そして、彼はAnonymous（匿名の）という組織の一員となる。エドワード・スノウデン（Edward Snowden）は有名な、前CIAコンピューター技師でNSA（National Security Agency）についての真実を教えてくれた。彼も、このAnonymousの一員だった。エドワードは囮が必要だった。世界で何かが起こった時、それが諜報機関を刺激し、国内の防衛力が落ちる。Anonymousの中では、誰もが、こう言った：明らかに、その囮はビルでなければならなかった – 彼には最も興味深い経験があった。で、ビルが登場した。ビルがケリー・キャシディ（Kerry Cassidy）とのインタビューで、これらの戦争犯罪を暴露した時、エドワードは巨大な量のデータをコンピューターから密かに取り出し、ある隠し場所に送った。(ありがとう、ロシア！)ビルは逮捕され、実刑を受けた。そして彼が釈放された時、彼は地下に潜った。彼の話は英雄的である。もうビルがどんな人か分かったでしょうが、ここからが、興味深い部分です。(まるで、これまでの全てが十分興味深くないようだが)：ビルが軍で働いていた時、彼は、彼の高い知性と霊能力を買われて、ある副次的なプロジェクトをするよう頼まれた。それはLooking Glassというプロジェクトだった。これはMICが以前、未来を予測するのに使った器具だった。彼らは彼に聞いた、"どのタイムラインが勝つか？"と。ビルはデータを見、そして答えた：全ての可能なタイムラインは一つのタイムラインに融合していた；たった一つの結果が今、存在する。残りの、地球上で起こることはチェスの終盤のようで、敗者は威厳を保って退陣する代わりに、彼らの支配を永らえるべくもがいていた。良い人たちが勝つ。（タイムライン'time line'とは時間の経過を一本の線として図表化したもの）。

私は個人的に、ビルの、疲れを知らないパートナーであり、カナダ人である、イーヴァ・ムーア（Eva Moore）の人柄を保証することが出来る。彼女は告発者であり、彼女自身の信念のための活動家である。私は彼女を多年にわたって知っており、私が知っている限りでは、彼女は最も真剣で、勇気のある、強い女性の一人である。

それが今週の金曜日であれ、今から982回目の金曜日であれ'公開'は起こる！

フリー・エネルギー（Free Energy）

ユーチューブに Daryl Anka のインタヴューの良いビデオがある。次元上昇と New World Order（全体主義の国家形態）ついて。 (https://www.youtube.com/watch?v=vRtbvXp3wkw)。以下は、その概要と付け足した私達の考えです：

- 誰も貴方を支配しない。

- いったん、貴方が自身の力に気づき、貴方の波動を高めると、貴方が最も望むことが顕現される。(それとも，これを別の見方で見れば、貴方が波動を変えると、貴方は進化した並行する宇宙（parallel universe）に移る。

- 基本的には、私たちが戦うものは何であれ私たちを現実に繋ぎ止める。

- 私たちが望まないものを思えば思うほど、私達はそれらをもっと経験する。

- 物事を変えるには、私たちはそれを必要とするより、それを選択しなければならない。

- 私たちが何かを欲しくてたまらないと、それは私たちから遠ざかり続け、私たちはそれを追いかけ続ける。

- 誰かが、私達からフリー・エネルギーを取り上げているのではない。私たちがフリー・エネルギーを得るのに'公開'は要らない。多くの人がフリー・エネルギーの器具を作り出した。何人かの人は、彼らの器具を没収され、研究室を焼失され、あるいは殺された。 何人かの人はフリー・エネルギーの器具を創り、まだ彼らの手段は没収されていない。(私たちのグループの一人はケベックで、Daniel Pomerleau のフリー・エネルギー器具が実地に使われたのを見たことがある。今日まで、他の誰も、それを理解することも模写することも出来ていない！ 彼が彼自身のエネルギー場か意識についての技術を媒体として使っているのではないか、と私たちは思う。もしかしたら、そのために彼の器具は取り上げられていないのではないだろうか)。 没収されたか、されなかったかに関わらず、私たちの科学者達は、それらを再び創る直感を受け取るだろう。それを安全に行うよう私たちを導く直感をも。私たちが源と繋がっていれば、良いアイデアが良い時に浮かぶだろう。

- 恐れは貴方が恐れるものを貴方に引き寄せる。ちょうど磁石のように。しかし、ちょっと用心することは良いことだ。 安全なフリー・エネルギー開発について聞いた事。もし貴方がフリー・エネルギー器具を点けたら、スキャン技術は、そのエネルギーが創られている場所を見つけられる。そして、エドワード・スノーデンに感謝するのだが、
- "彼等"が私達のデジタル器具を探知出来るのを知っている。世評によれば、貴方のスマホが消してあってもである。私達は又、サテライトのカメラが貴方の近辺にピントを近づけることが出来るとも聞いた。これを避けるには、ちょっとした当惑ものだが、これも創造的に解決できるだろう。

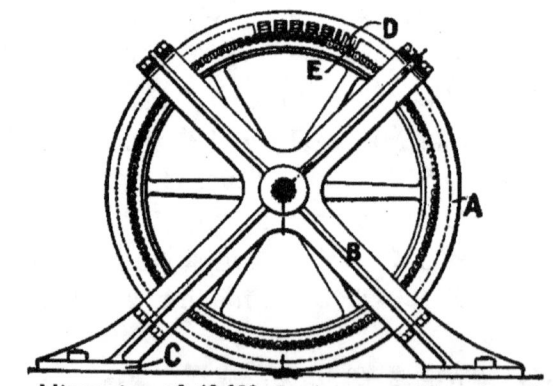

Alternator of 10,000 Cycles p.s., Capacity 10 K.W., Which Was Employed by Tesla In His First Demonstrations of High Frequency Phenomena Before the American Institute of Electrical Engineers at Columbia College, May 20, 1891. Fig. 1.

(Nikola Tesla が作った交流発電機。1891年に実地作動された。)

世界を変える

貴方は実際、世界を救う必要はなく'公開'も必要ではない。私達は成長するためにここにいる。地球は砕けて百万ものかけらとなるかもしれない。それは悲劇であるが、究極的にはそれでも良い。もしかしたら、並行世界(parallel world)ではそれはすでに起こったかもしれない。それとも、ゴールデン・エイジの真っ只中の幾つかの地球があるかもしれない。(どうして私達はここに留まっているのか?) こう考えるとプレッシャーが減るでしょう? 私達は永遠であり、すべての現実すべての結果に存在し、それらを探検しているのです。

では、人類の向上は? 貴方自身を他に与えるのは貴方の拡張の副産物です。それは気持ちの良いもので、私達が拡張するに従って、もっとそうせざるを得ない。これは自然な衝動で、貴方の進化の結果です。拡張すると貴方は、私達が一つであること、一人になされた不当な事は全てになされた不当な事であることを理解するでしょう。貴方は事実全ての人であり、物であることを知るでしょう。それは可笑しな逆説です。何故なら、貴方が義務感から全てのためにもっと行動し始めたのに、貴方は他の'貴方達'を心配する必要の無いことを知るから。彼等は彼等自身の旅をしており、その結果も心配する必要が無いのです。各人は自由意志を持っている。貴方は誰をも支配することは出来ない。貴方自身に焦点を合わせ、そのプロセスのすべてを楽しむと最終的には完璧な結果を得るのです。

何をするにしても、貴方が望まないものに柵を巡らせないでください。判定は、貴方が嫌いなものを貴方の現実に根を下ろさせるからです。貴方が居たい所に行く鍵は'必要とする'の代わりに'選ぶ'です。だから、貴方がFederal Reserve（アメリカの私設の金融企業）について、彼等が巧妙に操縦している犯罪的専制と奴隷状態について考えるとき、貴方自身、ただ、こう言う、"私は ... を選ぶ"と。しかし、もし貴方がその組織に不安を感じるなら、貴方は貴方の力をそれに与えてしまう。そしてアイスランドが、まだ"彼等"を国外に追放する前の並行現実(parallel reality)の周りを、貴方はスキップしながら回るでしょう。(そうです。アイスランドはやりました。そして私達にも出来ます!)。諺にあるように: 貴方がもっとも恐れるものは、磁石のように貴方に引きつけられる。

では、どうすれば良いのでしょう? 直感に従って行動する。貴方が興奮することをする! 私達が"一つ"であることを認識し、そして、力、自由、あるいは主権を貴方自身のために欲するとき、愛の本質をもって全ての人のために行動することです。そして私達皆は一緒に、本来私達のものであったもの全てを得るのです。このエキサイティングな時に貴方がしたい役割をはっきりさせ、そして、何よりも過程を楽しんでください。人生は楽しむためのものです!

私達が好む選択を教えましょう。貴方がするべきだと感じることをする、そして、その道を恐れがあっても行く、他の全ての人の意見を無視しながら、私たちがここで貴方に話していることを含めて。しかし、貴方はこの本を取り上げた。だから、私達は、貴方が私達の未来像の一部と成りたいのかもしれないと考えます。もし、貴方がCE-5を貴方の人生の一部とするなら、それは私達の喜びです。何故なら、第一に、それがどんなに楽しいかを経験から知っているからです。第二に、ETが実在するという知識をより多くの人によって広められるのは、私達が愛する人全てにとって素晴らしいことだからです。彼等自身の目撃の経験をその証拠として。

私達にとって、'公開'が早く起こる必要は無いけれど、そうなれば素敵ではないでしょうか? '公開'が遅く起こるより、早く起こる現実の部分となれば、私達すべてが受けるに値する豊かさを経験できるのです。

人々による公開運動
(The People's Disclosure Movement)

どうしたら '公開' を導くことができるか? The People's Disclosure Movement は、普通の人たちの貢献の力に気付いた人々のグループによって自発的に創られた組織です。Kosta Makreas はこの運動を 2010 年の 10 月に創設し、世界中で何千人もの人を動かして来ました。それは、人々を "信じる" から "知る" に変えました。そして、人々の彼等自身の力を権力者達から取り戻す結果になったのです。その運動の一部は "The Global CE-5 Initiative"、"ETLet'sTalk" として知られてます。この運動は ET は 2010 年に始めてから、毎月コンタクト・チームを野外に送り出しています。この素晴らしいコミュニティーに参加したければ http://etletstalk.com/ へ行ってください。

貴方は公開運動の中で影響力のある、そして必要な部分です。UFO は議論沸騰するトピックに成り得ます。貴方は、貴方の真実を人々に "納得させる" ために走り回るかもしれません。でも、そんな必要はありません。それは時間の無駄です。宇宙の法則 (Universal Law)に則った見地からは、そうする事は、それらの人々とこの世界に貴方を縛りつけるでしょう。貴方が何かと戦えば、貴方自身をそれに縛りつける事になるのです。

貴方に出来ることは、人類の大使になることです。そして、それは易しいことです。

- CE-5 のミーティングを毎月持つ。
- 貴方の家族、友達、そして同僚が週末に何をしたか貴方に尋ねたら、話してください。もし CE-5 を定期的にすれば、貴方には、いつも何からかの UFO ニュースがあるでしょう。
- 貴方が誰か、貴方の情熱の的は何か、自由に話してください。私はよく、初めて会った人に私は UFO 気違いだと言います。

それだけです! そうすると、どうなるのか? まず、UFO, ET, CE-5 などの言葉が、私達全体の意識に日常的な言葉として入る。一つ一つのカジュアルな発言がこの運動を正当化するのです。

次に、貴方の話は重要です。平均的な人間には、貴方が貴方の経験を分かち合い、それでも貴方が彼等に改宗を勧めないのは、心惹かれる、興味のある事柄です。殆どの人は私達が宇宙で単独な存在ではないと信じており、それより小さい数の人達(しかし何故か声は大きい) は、懐疑的です。彼等は政府が公開し始めている書類を目の前にしてさえも納得しない。しかし貴方が、説明不可能な光が人工の飛行船では出来ないような動きで空を移動したのを見た、それも他の人と一緒に、そして貴方はドラッグをやって居なかった、と言えば、彼等の現実に断層が生じるのです。それは、ゆっくりと開くヒビだけれど、これらの撒かれた種は重要です。

コスタはどのようなインスピレーションを得て The People's Disclosure を始め、そして、ネットワーク ETLet'sTalk へと繋げていったのでしょうか。

"2010年7月、多くのETとの接触の成功例を見た、殆ど4年にわたるCE-5の訓練に没頭した後、私は世界中でちょうど私と同じような人が何百人、何千人と何じ事をして居るのを知っていた。

"私はインスピレーションを得た。私達の全てを緊密な共同体として結びつけてはどうだろう？ それによって、私達は一緒に仕事できるかもしれない。私は霊的な指導を頼んだ。そんなに多くをそんな規模で'組織する'のは、それに費やする時間、エネルギー、そして努力に値するか。

"私はテレパシーでコミュニケーションを受け取ったのに、びっくりした。それは、それまでに私が知った、あるET世界からのものだった:

'出来るだけ多くのコンタクト・チームを、出来るだけ多くの場所に、出来るだけ早く創って下さい。'

… これらの言葉が私の心に入って来た。

'それで何が達成出来るのですか?' 私は聞いた。

'より多くの人が空に私達を見たいと頼むと、それは私達に、貴方の世界中のもっと多くの場所に現れる許可と機会をくれるのです。これは、結果として、より多くの人が私達を見ることになるでしょう… そして、その人たちがもっと大きな規模で私達を見る事を頼むでしょう。これは、私達にまだもっと多くの場所に現れる事などを許すのです。私達はこれを、'有効な輪'と呼びます。いつの日か、貴方の世界の空に現れた私達の存在の証拠は、否定するには余りに圧倒的過ぎるようになるでしょう。

"私はこの情報に非常に驚いた、それでも、とても、とても嬉しかった。彼等の要求は単純で、明瞭で、そして直裁だった!"

グリアー博士も同じ事を推奨している。'公開'は、すでに政府や企業連合の支配下には無い。それは、もう始まっており、私たちを解放するかどうかは私達次第である。 グリアー博士は、医学校で叩き込まれた言葉と共に行動することを教えている:

"学び、行い、教える"

私たちは、貴方への招待として、この合唱に私達の声を参加させます。 チームを始め、他の人たちに彼等自身のチームを始める方法を教えます。この惑星に平和をもたらす助けとなる、この最大の、もっとも興奮させられる運動の一部になりましょう。

分離に用心

私達すべては一つです。私達が誰かを非難することは、私たち自身を傷つけることです。

誰かが、他の人を批判するのを聞いたら、全ての攻撃は助けを求める声だという事を思い出して下さい。攻撃を許し、批判された人について何か良い事を言って下さい。攻撃者のヒーリングに再度焦点を合わせてください。彼等は何を必要としているか？ 殆どの人は唯愛が欲しいのです。彼等を愛して下さい。

貴方が霊的に覚醒すると、全ての人を愛するでしょう。ヒトラーでさえも。何故なら、私達が進化すると、私達は、より包括的になり、より少なく排斥的になるからです。また、私達は究極的な現実を理解する。つまり、私達がこの身体に入り、恐ろしい事をお互いにする。最後の結果は保証されていること、そして、本当の自分を経験するための劇であることを知りながら。私達は愛である。貴方の最悪の敵は今生で完璧に彼の役を演じている貴方のもっとも貴重な恋人では無いと、誰が断定できるだろう？

誰かを馬鹿だとか、悪魔とか、あるいは、お金のために嘘を広める組織の手先だとか思ったことがありますか？ 彼等を祝福し、そして無視して下さい。彼等に彼等の気違い染みた人生を過ごさせましょう。貴方が、彼等のように進化していない人生を送った事が無いと思いますか？ 私達全てが、昔、過去生で凶悪なことをした事があると保証します。もし、私達がそれを知ったら、残りの日々は眠れないだろうような恐ろしい事。

何時でも、誰でも、他の人を非難したら、接触は遠のくでしょう。これは誰にも当てはまります。貴方は誰かに酷い事をされたと思っていますか？ 貴方の母親、兄弟、あるいは以前の恋人？ そうです、私達すべてに考えてみる必要がありませんか？

> "開放的な接触を得るには、私達はもっと親密になり戦いを止める必要がある…私達の波動を高めるのを拒否することは、私達よりもっと高い波動の文明との接触を持たないと決定する事だ。"
> - デロ・アンカ/バシャール

> "もし、私達が私達の類似点で合一しなければ、私達はその相違点で分解するだろう。"
> - サモイヤ・シェリー・イエイツ

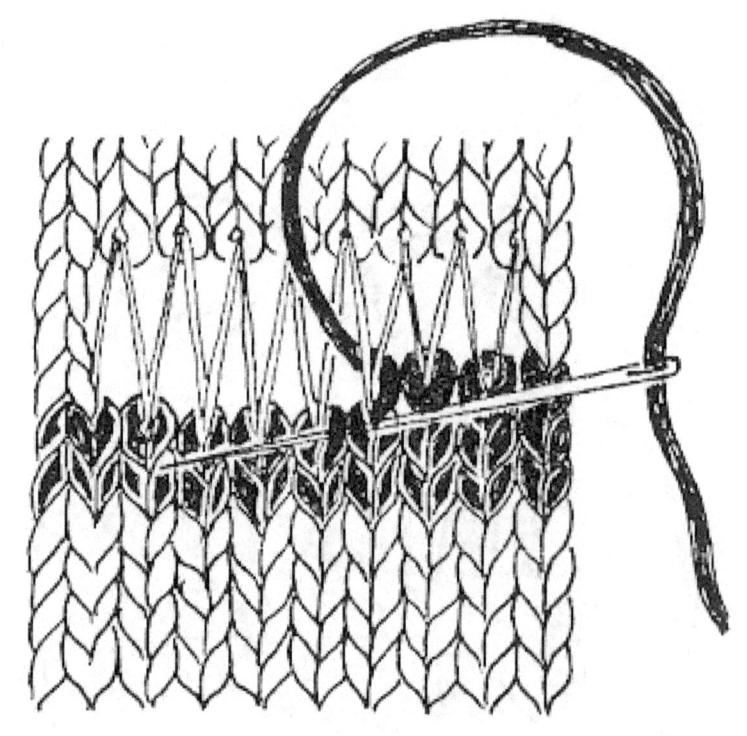

運動を破壊する方法

もし、一般大衆がフリー・エネルギーは存在すると知ったら、光熱産業、金融機関、そして権力体制は崩壊するでしょう。現在権力を持つ人たちは彼等の富と支配を保つ為に色々な方法を使うでしょう。Joint Threat Research Intelligence Group (JTRIG) のような政府機関は、信用を破壊するためのプログラムを実行し、真実を変え、運動を破壊する。彼等のモットーは "4D: Deny (否定する)、Disrupt(壊す)、Degrade(格を下げる) そして、Deceive(騙す)"。

以下は彼等の手段の幾つかである:

- "JTRIG の芯であり、自認する彼等の目的の内に二つの策略が含まれる: (1) 目標の評判を破壊する為、すべての偽りの情報をオンラインで注入する。そして、(2) 彼等が望ましいと考慮する結果を生み出す為、社会科学と他の技術を用いてオンラインの論文や運動を操る"。
- 'ハニー トラップ' (セックスを使って人々を罠にかけ、恥辱的な状態に陥れる)。
- '偽りの旗' の工作 (オンラインで情報を書き込み、他の誰かがしたように見せかける)。
- 嘘の被害者談をオンラインに載せる (彼等が、その人の信用を破壊したい人の被害者に成り済ます)。そして、その人についての "ネガティブな情報" を色々な討論の場に載せる。

このスライドを見てください。これは、スパイ達に、手段を弄して目的を達成するのを教える為の教材の一部です。CE-5 の世界はすでに彼等の標的になっている、と私達は信じます。この運動を強く保つ為に、私達は共通のイデオロギーと信念に焦点を合わせ、そして、全ての人の自由のために彼等に対抗して結束しなければなりません。

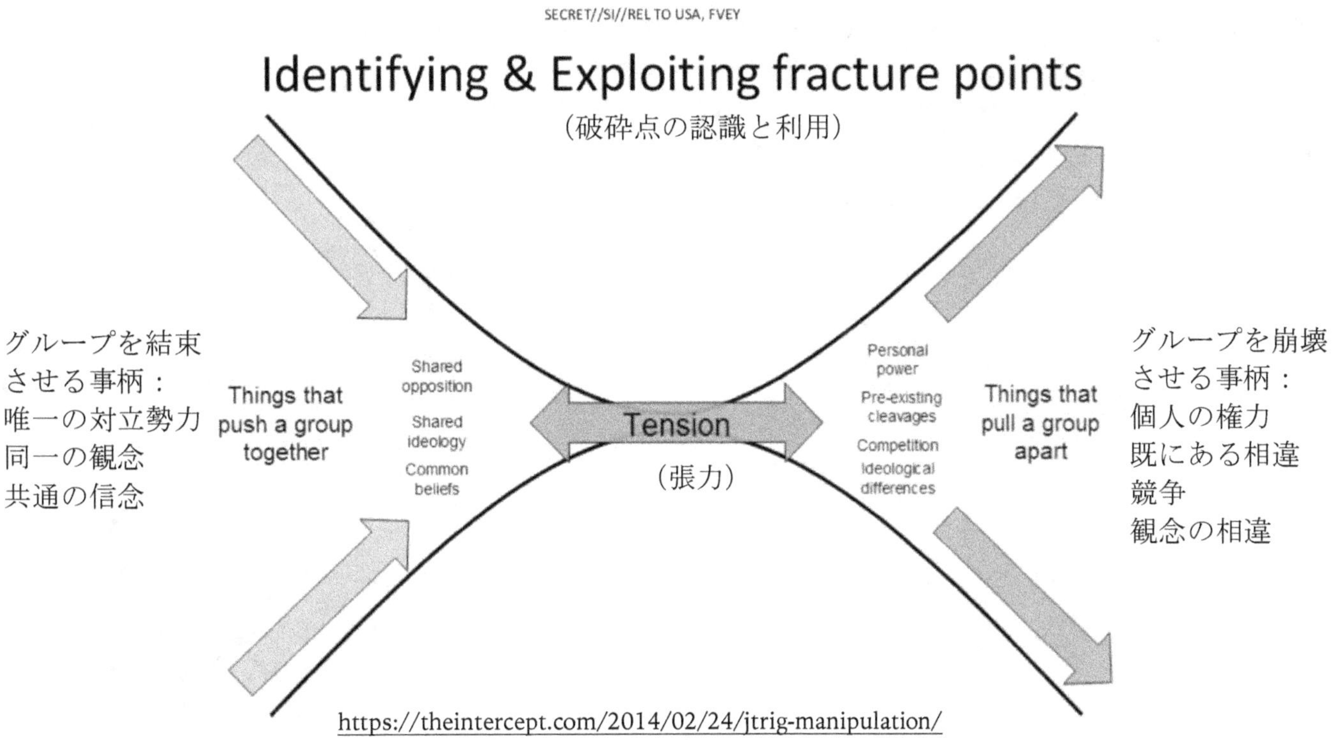

SECRET//SI//REL TO USA, FVEY

Identifying & Exploiting fracture points
（破砕点の認識と利用）

グループを結束させる事柄：
唯一の対立勢力
同一の観念
共通の信念

Things that push a group together
- Shared opposition
- Shared ideology
- Common beliefs

Tension
（張力）

- Personal power
- Pre-existing cleavages
- Competition
- Ideological differences

Things that pull a group apart

グループを崩壊させる事柄：
個人の権力
既にある相違
競争
観念の相違

https://theintercept.com/2014/02/24/jtrig-manipulation/

上図の題は "破砕点の認識と利用"。つまりグループを潰す方法を示している。

未来

最後に、私の7歳の息子が初めてETと交流を持った時の短い話をします。

私達がバンフ国立公園で一夜を過ごした時、いっぱい着込んで外へ出て、初めて一緒に'星見'をした。私達は天の川を眺め、彼はレーザー・ポインターを使うのがとても気に入った。それは光のサーベルが宇宙に無限に伸びるようだ、と彼は言う。私が流星（あるいは、ストリーカー）を見、その場所を指し示した。彼は、まだ一度も流星を見た事がなかったので、彼が他の流星を見られるようにと願った。でも、'彼にどうしてあんなに速く消える物が見えるだろう？'とも思った。彼の年齢では、世界からの情報をふるいにかけるのに長い時間がかかるので、あのような、小さい、素早い光を見つけるのは困難なのだ。私達が星座を見ている時、私は彼に、UFOも探しているのだ、それはカメラのフラッシュのようだ、と言った。彼はとても興奮し、"今晩は、宇宙人！"と空に向かって言った。そして、一秒も経たない内に私はフラッシュ・ボルブを一つ見た！ 私がレーザー・ポインターでその場所を円で囲み、彼がその箇所に目をやった時、私達のどちらもが、後5,6個のフラッシュ・ボルブを短い間隔で見た。私達はとても興奮し、闇の中で、キャーキャー言ったり、笑ったり、叫んだりした。彼は、これが私がいつもする事かと聞いたので、"そうよ"と言うと、彼はそれがこんなに楽しいものとは知らなかった、と言った。二人で空に"ありがとう"と言い、星座を見つけるのを続けた。彼が寒くなったので戻ることにし、私が空に向かって"皆さん、バイ！"と言い、彼が見上げて手を振り"バイ！"と言うと、直ちに、もう一つの大きなフラッシュ・ボルブ！ けれど、前述したように、あのような速いフラッシュを見る能力は彼に取ってはまだ発達の途中であり、彼はフラッシュを見なかった。が、私がその場所を指し示した途端、星が流れた。彼が初めて見る流星（あるいは、ストリーカー）。私は彼のために願いをかけ、彼は彼自身の願いをかけ、そして私達は中へ入った。

私達が子供達のために創るのを助けている世界を想像してみて下さい。すでにそれを受け取る用意が出来ている彼等のために。

貴方がた全てへ、愛と共に、
シリアとカルガリーCE-5グループ

CE-5 日誌のテンプレート

これらのテンプレートを貴方の野外イベントの経過を書き留めるのに使ってください。もし、貴方が三つの鍵となる要素を満たすなら、貴方が6回日誌を書くまでに少なくとも一つの目撃をすると信じます。（三つの要素：1.唯一の意識との繋がり、2.真摯な心、3.明瞭な意図）

CE-5 日誌 1
日付: _____
場所: _____
開始/終了 時間: _____

参加者:
_____
_____

日程:

内面・外面の体験、目撃:

CE-5 日誌 2
日付: _____
場所: _____
開始/終了時間: _____

参加者:
_____
_____

日程:
_____ _____
_____ _____
_____ _____
_____ _____
_____ _____
_____ _____
_____ _____

内面・外面の体験、目撃:
_____
_____
_____
_____
_____
_____
_____
_____
_____
_____
_____
_____
_____
_____
_____
_____
_____
_____
_____
_____
_____
_____
_____

CE-5 日誌 2

CE-5 日誌 3
日付: ____________________
場所: ____________________
開始/終了時間:____________________

参加者:

日程:

内面・外面の体験、目撃:

CE-5 日誌 4

日付: _____

場所: _____

開始/終了時間: _____

参加者:
_____
_____

日程:
_____   _____
_____   _____
_____   _____
_____   _____
_____   _____
_____   _____
_____   _____

内面・外面の体験、目撃:
_____
_____
_____
_____
_____
_____
_____
_____
_____
_____
_____
_____
_____
_____
_____
_____
_____
_____
_____
_____
_____
_____

CE-5 日誌 5
日付: _____
場所: _____
開始/終了時間: _____

参加者:
_____
_____

日程:
_____   _____
_____   _____
_____   _____
_____   _____
_____   _____
_____   _____
_____   _____

内面・外面の体験、目撃:
_____
_____
_____
_____
_____
_____
_____
_____
_____
_____
_____
_____
_____
_____
_____
_____
_____
_____
_____
_____

CE-5 日誌 6
日付: _____
場所: _____
開始/終了時間: _____

参加者:
_____
_____

日程:

内面・外面の体験、目撃:

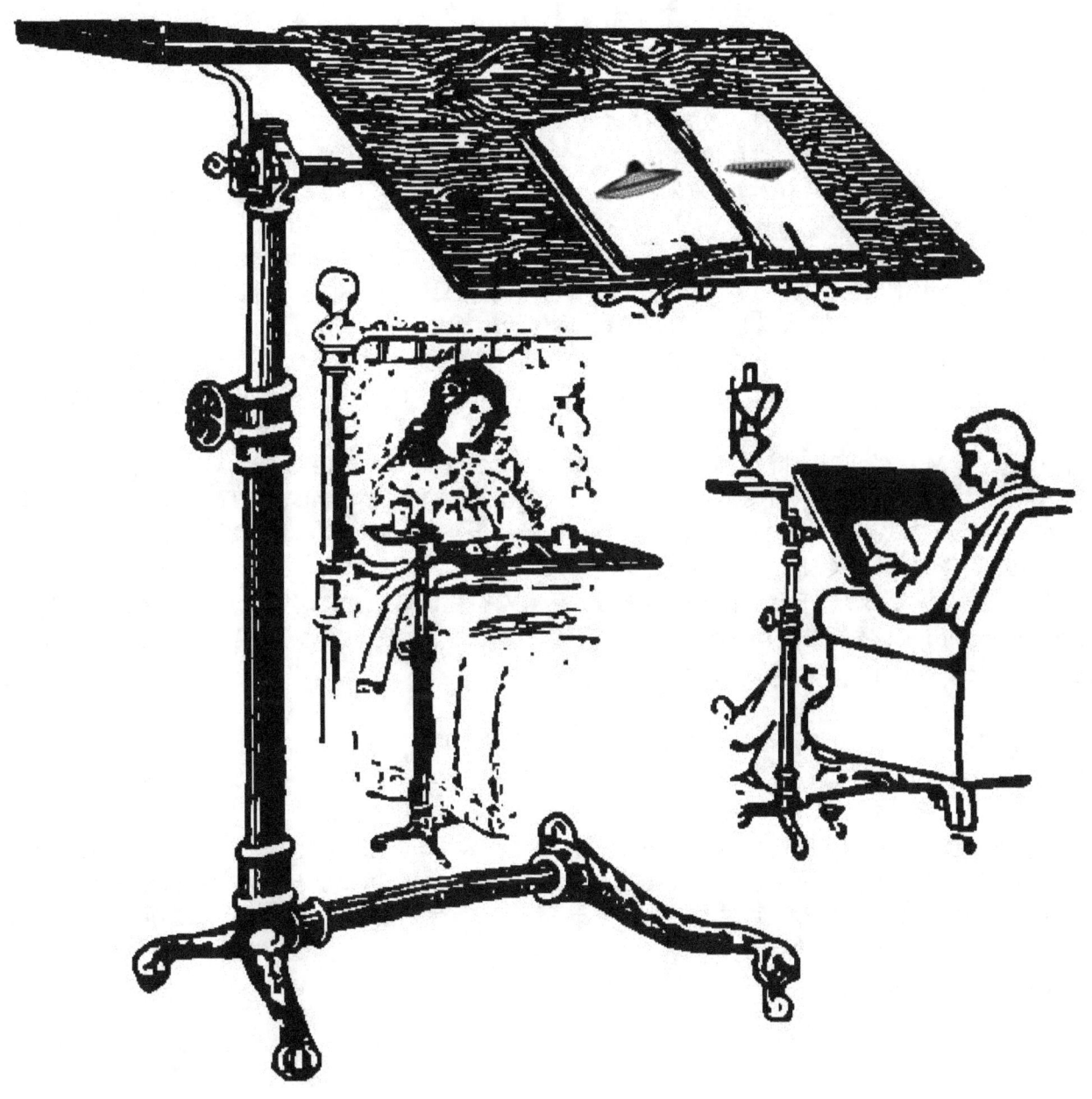

CE-5 の人達

コンタクトの世界と CE-5 への主な貢献者は多く居る。これらの人々の多くは現在も ET との交流のために努力している。貴方は、それらの人たちのリトリートに参加できる。

シクスト・パズ・ウエルス（Sixto Paz Wells）– スペインとラテン・アメリカ
シクストは 1974 年に ラーマ（Rahma）を始めた。これは、最初の現代的な、組織立った、国際的な ET とのコンタクト・グループである。ラーマ は、地球と人類の最良の目的のために ET 文明と人類を繋ぐ使命をもって作られた。シクストは国際的な報道機関を 10 回の目撃イベントに、それらが行われる前に招待したことで知られている。スペインの UFO 研究の世界は、英語圏の世界とは違う：地球上に居る ET についての情報は、スペイン語のサイトではもっと沢山見る事が出来る。そして接触はもっと近く、もっと直接的である。これは多分、彼等の直接的で明瞭、且つ矛盾の無い言語構造によるものであろう。そして、それは全体としての文化的な意識と彼等の接触への心構えを反映する。
http://www.sixtopazwells.com/

エンリク・ヴィラヌヴァ（Enrique Villanueva）– アメリカの西海岸
エンリクは 1988 年ラーマに 参加し、2009 年にロス・アンジェルスでサテライト・グループを創った。現在、彼はカリフォルニアでプロの催眠療法士として働いており、毎年夏にシャスタ山でラーマのコンタクト・プロトコルに基づいたコンタクト・リトリートを運営している。私達はあまりエンリクについては知らないが、彼の言葉を聞いてみよう。彼はこう言っている。"彼等 (ET) は言う。最も重要なことは、彼等との接触ではなく、貴方自身との接触である。一旦、そのレベルまで届いたら 彼等との接触は貴方のそのための準備の結果として起こる。だから、彼等はいつも心広く、私達がそのレベルに達するのを待っている。そして、彼等は貴方に体験をさせ始めるだろう。それは、私達の意識を拡張するための招待状である。そして、彼等はすでにここに居る。私達に大使は要らない。一人一人の人間が大使になれる。" https://www.facebook.com/enrique.villanueva.56, http://enriquevillanueva.weebly.com/

スティーヴン・M・グリアー博士（Dr. Steven M. Greer）– アメリカ南西部
グリアー博士は緊急処置室の医者であったが、彼の人生は予想外の転換をし、ET、政府の堕落、隠蔽、秘密工作、人工の宇宙船、フリー・エネルギー機械、告発者たち、情報提供者の世界へと彼を導いた。彼は 1990 年の始めに CSETI のグループを通して、CE-5 プロトコールを教えた。彼は素晴らしく、エネルギッシュであり、そして彼の、時として困難な行程に徹底的に忠実である。彼は 2001 年に The Disclosure Project を立ち上げ、数冊の本を出版した。また、彼は 2 本のドキュメンタリー（記録）映画を制作している。 http://siriusdisclosure.com/

リサ・ロイアル・ホルト（Lyssa Royal Holt）- アメリカのアリゾナと日本
リサは 90 年代からの CSETI のオリジナルのメンバーであり、コンタクト・チームを指導するべくアリゾナへ移動した。そこでは、彼女と彼女のグループは、彼女のチャネリングを通じて、コンタクト方法について、より多くの情報を受け取った。2010 年以来、彼女のグループは意識の量子力学的状態に入り、その中で接触のために努めている。彼女の本 *Prepare for Contact* は目撃と貴方の意識の発展との近接な繋がりについて説明している不可欠な指導書である。アリゾナ、日本、そして他の場所での彼女の訓練や特別なイベントに参加できる。
http://www.lyssaroyal.net/

ジェイムス・ギリランド（James Gilliland） - アメリカ北西部の太平洋岸
ジェイムスは ECETI (Enlightened Contact with ET Intelligence)の創設者であり、その拠点はワシントン州の自然の中にある。そこには、何百年という長い UFO 目撃の歴史がある。そこは又、何十年も前から "The Ranch(あの牧場)" として知られている。 Adams 山に近く、山の中には銀河間を行き来する ET の基地があると言われている。山の壁にドアが開き、そして UFO が出入りするのを見た人を私達は知っている。 ジェイムスは親切で、親しみ易く、そして、親父ギャグ(駄洒落) を言うのが好きだ。牧場を訪れるには、まず、彼のサイトで個人的に招待してもらう必要がある。http://www.eceti.org/

コスタ・マクリアス（Kosta Makreas） - アメリカ西海岸
コスタは CE-5 世界の接着材である。彼は、2006 年以来、ET との接触を成功させており、それと共に The People's Disclosure Movement、 The Global CE-5 Initiative、そして The ETLet'sTalk Community を生み出した。 The ETLet'sTalk Community は、100 以上の国々に 20,000 人以上のメンバーを持つ。(この重要なネットワークの詳細は '人々による公開運動' 110 頁にある)。 彼は、彼の人生を知識を拡めることに捧げ、彼のプロジェクトを通じて、共同社会を通じて、普通の人たちに力を与えることを望んだ。 彼は気品があり同時に庶民的でもある。彼の美しいパートナーであるホリス・ポークは 彼の共同創造者である。彼女は ET とのより良い接触をするために、人々に自然にある霊能力を認め、進化させる方法を専門的に教えている。彼等はパワー・カップル（お互いが相乗的にパワー・アップさせるカップル）であると認められるべきだ。 http://etletstalk.com/

<u>地域的だが、私達が愛する人達</u>

デブ・ワラン（Deb Warren) - OCSETI (Okanagan Centre for Study of ET Intelligence), カナダ西部
デブは私達の隣の州からの教師である。彼女は BC 州の Vernon で彼女の CE-5 グループを運営している。私達は、彼女の無数のカナダ西部 CE-5 ツワーの一つで彼女に会った。 彼女は、彼女の知識を分かち、新しい人々と野外活動をするために、気前よくも彼女の夏をグループからグループへと長い距離を回って過ごした。 彼女は、10 回以上グリアー博士のリトリートに参加している。 そして、彼女は私達への援助と支持のために、いつであれ彼女への接触を可能にしてくれている。 私達は、すべての電話での会話、彼女からのメールの返信に大変感謝している。 彼女は随分とこの手引書についても助けてくれ、用具の部分の大きな隙間を埋めてくれた。 https://ocseti.wordpress.com/

日本の CE-5 の人達

CE – 5 東京

宇宙平和と外交手段の進歩に貢献している

東京 ET コンタクト・グループは 2013 年以来、関東地方全域で CE-5 コンタクトと訓練のイベントを毎月行ってきた。市民ボランティアの外交官そして研究者として、このグループは非人類知的生命体との相互の平和的なコミュニケーションを創り上げ、前進させること、そして ET についての知識を拡げ，研究を深める事を目的にしている。また、グループは ET と彼等の世界について政府がすべてを公開する事を支持する。そして、それは、長い間遅れていた地球のための科学、技術、そして意識の規範の移行を急激に進めることになるだろう。今日まで、40 回以上のコンタクト・イベントで、グループは広い領域に渡って異常な現象を体験して来た。それらは、目撃、オーブの動き、流星と見做される光と火の玉、非物理的な音や動き、肉体的な触感、器具に起こった電磁気の影響、等々、微妙な確証から明白なコンタクトに至るまでである。

より高次元との平和なコンタクトをし、私達の世界がついに銀河コミュニティーに参加するのを見たいと望む人たちはこのグループへの参加を歓迎されるだろう。すべてのコンタクトと訓練のイベントは無料である。イベントに参加することによって、新しい参加者は次の事を学ぶ:

- 平和裡に人類が自発的に ET 文明とのコンタクトを取る方法
- 基礎的な瞑想方法とコンタクトを取るための意識の役割について
- CE-5 先導の芯となる原則と価値
- コンタクトと研究のために使う器具の基礎的な使用訓練

マーク・コプロウスキー（Mark Koprowski）– 日本、東京

東京 ET コンタクト・グループのコーディネーター

マークは Duluth, Minnesota (USA) の出身であり、東京にある大学で 10 年以上教師をしている。グリアー博士 (CSETI の指導者) の先駆的な仕事とビジョンに出会った後、マークは東京 ET コンタクト・グループを 2013 年の秋に創設する。それ以来、東京で何十もの CE-5 イベントを主催し、また、ニュージーランド、ハワイ、シャスタ山、そして、アダムス山での空の観察と訓練のイベントに参加してきた。マークはまた、イギリス、スイス、トルコを含む幾つかの他の国々にも住んだことがある。彼は、人類が地球外世界へ目覚め、宇宙からの指導、あるいは干渉を地球外文明から求めなければならないと信じる。貧困、病気、そして切迫した環境危機など、この惑星のもっとも緊急かつ破壊的な問題と取り組むために。写真、ビデオ、資料、野外活動レポート、記事、そして今後のコンタクト・イベントなどの情報を知りたければ、このグループのウエブサイトに行ってください。www.ce5tokyo.org.

マークに大いなる感謝を贈ります: マークはこの本の共著者の一人であり、多くの中心的な貢献をしてくれ、また、気前良く専門的な編集作業を申し出てくれた。彼はまた、過去何年かに渡り私達のグループへの指導と情報を与えてくれ、それらは私達の向上に大きな助けとなった。

JCETI – Japan Center for Extraterrestrial Intelligence
(日本地球外知的生命体センター)

JCETI（ジェイセティー）はアメリカ人であるが日本に常住するグレゴリー・サリバンによって2010年に設立された。5年間に及ぶ日本の言語と文化の学習の後、グレゴリーはニューヨーク市近辺の彼の家に戻った。これが日本との最後と思いながら。

ところがアメリカに帰って1年半しか経たない内に、グレゴリーの魂のコンタクトは高速モードに切り替わった。彼は一本のレーザー・ポインター、CSETIのグループ活動マニュアル、そして2つのウオキー・トーキーを持って日本に戻った。2019年現在、JCETIは日本中で450以上のコンタクト・イベントを行って来、総参加者は5千人を超える。

西日本でCE-5の集まりを始めると、そのニュースは急速に拡がり、いくつかの既成の霊的なグループやコミュニティーとの協働に繋がった。2013年、JCETIは映画"シリウス"(SIRIUS)の日本語字幕のための翻訳をし、2014年に公式DVDを封切る。それに続いて、2019年に記録映画"Contact Has Begun"と"Unacknowledged"を封切る。これらの新しい映画の国中での上映イベントを通じて、ようやく日本の人々は"Disclosure"と好意的なETとのコンタクトとの関わりについてもっと知る事になった。

また、アメリカのワシントン州にあるECETI RanchへのツアーはJCETIの年間行事の主要な部分になった。2007年にグレゴリーが彼の初めての重要なコンタクトを経験したのが、このECETIだった。JCETIは定期的に大規模な泊りがけのワークショップを実施しすることにより、CSETIネットワーク以外では、もっとも古く、もっとも大きな組織立ったCE-5コンタクト活動の一つであり続けている。

グレゴリー・サリバン （Gregory Sullivan）

グレゴリー・サリバンは日本に住む研究家、著者、経験者、そして音楽家であり、JCETIをコーディネイトしている。日本地球外知的生命体センターは、現在、人類のポジティブな未来、ETの情報公開、そして良心的なETとのコンタクトについての知識を拡げるために日本で活動している研究機関である。2010年以来、JCETIは日本でのETコンタクトとアセンション・ワークの新しい波を先導してきた。グレゴリーは10年以上、日本のTVや出版界で活躍している。彼は4冊の日本語の本を出版しており、また、著名な霊的なマガジン"Star People"と"アネモネ"に数回, そして江本勝氏が創設した波動ライフの月刊誌"I.H.M. WORLD"に記事を連載した。アメリカではアンソロジー"Paths to Contact"の一章を受け持ち、彼の英語の本が2019年の中頃に出版される予定である。彼はまた、ECETIのAs You Wish Radio、そしてThe Hundredth Monkey Radioの長年のゲストもである。

推薦するメディア

書籍
- *Preparing for Contact* (Lyssa Royal Holt)
- *Calling on Extraterrestrials* (Lisette Larkins)
- *Paths to Contact* (Jeff Becker)
- *The E.T. Contact Experience – CE-5 Handbook* (Peter Maxwell Slattery)
- *Evolution Through Contact* (Don Daniels)
- *Forbidden Truth, Hidden Knowledge* (Steven M. Greer)
- *Contact: Countdown to Transformation* (Steven M. Greer)
- *Unacknowledged* (Steven M. Greer & Steve Alten)
- *Exopolitics: Political Implications Of The Extraterrestrial Presence* (Michael E. Salla)
- *Galactic Diplomacy: Getting to Yes with ET* (Michael E. Salla)
- *Bringers of the Dawn* (Barbara Marciniak)
- *Becoming Gods* (James Gilliland)
- *The Orb Project* (Micheal Ledwith & Klaus Heinemann)
- *From Venus I Came* (Omnec Onec)
- *The Hathor Material* (Tom Kenyon)
- *Secrets of the Lost Mode of Prayer* (Gregg Braden)
- *Walking Between the Worlds* (Gregg Braden)
- *Electrogravitics Systems* (Thomas Valone, PhD.)
- *Defying Gravity* (T. Townsend Brown)
- *Love* (Leo Buscalia)
- *Conversations with God, Book 4 – Awaken the Species* (Neale Donald Walsch)

オンライン放送
- *CE-5 Minneapolis* 司会者：Paul Riedner. 13 話作られた。
- *As You Wish Talk Radio* 司会者：James Gilliland.
- *Becoming a Cosmic Citizen* 司会者：Sierra Neblina と Don Daniels.
- *Fade to Black* 司会者：Jimmy Church.
- *Opens Mind UFO Radio*
- *The Grimerica Show* 司会者：Graham と Darren
  グラハムは私達の CE-5 の何年来かのグループ・メンバーである。彼とデレンは この探検の最前線に居る。広範囲の魅力的な話題、例えば、意識、UFO、古代のミステリー、もう一つの現実、などを取り上げた。始めの話からインタヴューに至るまで、冗談と 調子の良さだけでも聞く価値がある。これまでのゲスト：Stanton Friedman, Jacques Vallee, Richard Dolan, Joseph Farrell そして、他にも沢山あるが、Grant Cameron の 243 番、Kosta の 220 番、Hollis を聞いて欲しい。

ウエブサイトとユーチューブ
- **ET Let's Talk** – この本の中で何回も述べたが、ET Let's Talk には CE-5 レポート、CE-5 グループ、そしてもっと他のコレクションがある。そこではまた、Danny Sheehan のオンラインのセミナーを見せている。ダニーは憲法と公衆の利権に関する弁護士であり、講演者、政治的活動家、そして教育者である。 彼は宇宙愛、瞑想、そして意識について、そして、それらに関連したトピックについて定期的なスケジュールで話す。 http://etletstalk.com/
- **Sirius Disclosure** – グリアー博士の中枢部。 http://www.siriusdisclosure.com/

- Center for the Study of Extraterrestrial Intelligence (CSETI) http://www.cseti.org/
- Enlightened Contact with Extraterrestrial Intelligence (ECETI) http://www.eceti.org/
- ECETI Australia - 主催者：ピーター・マックスウエル・スラタリー（Peter Maxwell Slattery） https://www.ecetiaustralia.org/
- Peter Maxwell Slattery - ピーターのサイト　https://www.petermaxwellslattery.com/
- The Pete N Rae Pathways Show – トピック：CE-5、意識、非人類知的存在、そして、接触に関連した色々な現象。 https://www.youtube.com/channel/UCEdJ75f6ipFbKdUjGeGzMQQ
- CE-5 Aotearoa - ニュージーランドに基盤を置く非利益団体。ニュージーランド内部と国際的な、CE-5とそれに関連したとイベントを主催する。 https://www.ce5.nz/
- CE-5 東京- https://www.ce5tokyo.org: 主催者：マーク・コプロースキー、イヴェントでは英語が主に使われる。
- JCETI, Japan - Japan Center for Extraterrestrial Intelligence：主催者：グレゴリー・サリヴァン（Greg Sullivan）。殆ど日本語であるが、部分的な英語版も近く出される。 http://www.jceti.org/
- Daryl Anka – バシャール（Bashar）という名のETをチャネルする。 http://www.bashar.org/
- Tom Kenyon – ETのグループ、ハトア（Hathors）のチャネラー。 http://tomkenyon.com/
- Dr. Edgar Mitchell – 宇宙飛行士でFREE (Foundation for Research into Extraterrestrial Encounters)を創設した。 http://www.experiencer.org/
- Richard Dolan – 今日、多くの人が、UFOトピックの著者と講演者として第一人者であると考える人。 https://www.richarddolanpress.com/
- Samoiya Shelley Yates – このカナダ東岸出身の人は臨死体験をし、その時ET達に会った。彼等は彼女の息子の命を奇跡的に救う方法を教えた。また彼等は、何億人もの人が一緒に瞑想することによって、この危機的な時期に地球を救う助けになる方法を教えた。 https://www.youtube.com/watch?v=KHGyu_AXNWg&t=6
- Grant Cameron – カナダ人の研究者。 興味深く、知的で、面白い。 http://www.presidentialufo.com/
- Michael Schratt – 軍の秘密工作、 ARV、そしてUFO https://www.youtube.com/watch?v=pFWza6LTMrY (1.5 hours)

記録映画と他のメディア
- *Unacknowledged* (2017) 一番先に見るべき記録映画。
- *Sirius* (2012) 上記の前に作られたが、これを2番目に見る。 CE-5とミイラ化したETの体の遺伝子の研究 https://www.youtube.com/watch?v=5C_-HLD21hA
- *Contact Has Begun: A True Story with James Gilliland* (2008) https://www.youtube.com/watch?v=V261_HKD4aQ
- *CSETI Working Group Training Materials* https://siriusdisclosure.com/wp-content/uploads/2012/12/WorkingGroupManual.pdf
- **TODO ES ENERGIA** (Everything Is Energy) ガスタボ（Gustavo)はカルガリーCE-5グループのメンバーで、スペイン語のFacebookグループを持っており、体、心、魂の繋がりについての色々な情報を分かち合っている。 霊的目覚め、陰謀、ヨーガ、ET、霊気、プラナ・ヒーリング、水晶、タロ・カード、瞑想、遠隔観察、Astral Projection(アストラル体の投影)、自覚のある夢（lucid dreams）、エネルギー、 物理学そして量子力学の課題(quantum mechanical)、鍼。 https://www.facebook.com/groups/838503992965283/

用語表
（　）内は頁番号

3D reality : 我々の五感で感じる物質的な世界 (9)
alpha brainwave state: 浅い瞑想状態 (15)
Alien Reproduction Vehicles (ARV): 墜落した UFO の設計を逆に辿って人間が作った宇宙船 (54)
alleged meteor : もしかしたら UFO かもしれない流星、ストリーカーとも呼ばれる (10、52、37、57)
alleged satellite: もしかしたら UFO かもしれないサテライト (10、13、37、41、49、52、57)
alleged star: もしかしたら UFO かもしれない異常な特性を持つ星 (53、57)
ancient mystery schools: 神聖な教えを保持し、守護する古代の組織 (90)
Apunians: 惑星 Apu からの存在。彼等からのメッセージの一つは"彼等は人類の将来である"と報告されている (68)
Arcturians: 小さな、緑青色の進化した存在、3本の指とアーモンド型の目を持っている (68)
astral body: 貴方の一部であり、肉体から離れて移動することが出来るエネルギー (74、93)

atmospheric refraction: 何層もの気流の乱れのために起こる、地平線に近い星の輝きを生む現象 (56)
aurora: 極地に近い空で起こる素晴らしい自然の光の現象、 northern light とも呼ばれる (56)
Avian Beings: 背の高い、青い羽に包まれた、鳥類と人類の間の進化した存在 (68)

Becker-Hagens grid: ベッカー、ヘイゲンス両氏によるエネルギーの流れを表すシステム、幾何学的模様に由来する (30)
brain waves: 脳波 (15)

CE-1: 第1種近接遭遇 、150m 以内で ET を見る (6)
CE-2: 第2種近接遭遇、 飛行船か着陸の物理的証拠 (6)
CE-3: 第3種近接遭遇、 乗員に会う (6、19)
CE-4: 第4種近接遭遇、 ET との交流、超現実的な遭遇、拉致 (6)
CE-5: 第5種近接遭遇、 人類が自発的に始めた ET とのコミュニケーション
CE-5 Aotearoa, New Zealand: ニュウジーランド内外で CE-5 と関連したイベントを行なう (74、88)
CE-5 Calgary : カナダのアルバータ州にある CE-5 のグループ、Calgaryce5@gmail.com、www.ace5handbook.com (10, 103)
CE-5 Tokyo : 関東地方で活躍する ET コンタクト・グループ https://www.ce5tokyo.org (126, 129)
chakras: チャクラ、エネルギーの中枢、人体の中の主なものは脊髄に沿って頭の上まで7つある (76)
channelling: チャネリング、ET や他の非物質的存在とコミュニケーションを取る事
Coherent Thought Sequencig (CTS): CSETI のアプリケーションにあるプログラム (97、98)
cosmic consciousness: 宇宙そのものの集合的な意識 (63、72、92)
cosmos: 調和の取れた、秩序のある宇宙 (11、 18、 62、 63、 79、 92)
crop circle: ミステリー・サークル、穀物畑などに残された幾何学的な模様、変形された茎の節で造られる
crop circle tones: ミステリー・サークルで録音された異常な音 (8 、22、39、43、97)
CSETI: Center for the Study of Extraterrestrial Intelligence, グリアー博士が創設した組織 (8、11、41、43、97、124)

didgeridoo: オーストラリアの吹奏楽器で、空洞の木の枝から造られる (38、91、96)
disclosure: 機密情報の公開，'公開' (8、22、67、95、102、107、108、109、110、111、124、125)
distorted sky: 空の一部の変則的な見かけ、熱気の波、チカチカする光、暗さ等（53）
drones: 地上の人間がリモコンで操縦する飛行機 (54)
ECETI: Enlightened Contact with Extraterresterial Intelligence、James Gilliland の探求者グループ（28、48、49、53、77、99、125, 129）
energy: 見えない動いたり振動する力、それによって私達が創られ生命が継続する
energy ley lines: 地球上を縦横に走るエネルギーの流れと見做される線、その線上に古代の建築物など特別なエネルギー地点が位置する(30)
ESP: Extrasensory Perception、5感を超えた知覚（43）
ET (extraterrestrial): 地球外生命体、地球に起源を持たない存在
external communication: 3D世界で起こるコミュニケーション (6、22、30、45、52-57)

fast walker: NORAD (North American Aerospace Defense Command) の用語で、速いサテライト、ミサイル、速いUFOを指す (52)
Fire the Grid: ETの指導に従い、サモイア・シェリー・エイツが主導した地球と人類の向上のための運動（95）
flashbulb: 空の小さな閃光、カメラのフラッシュに似ており、星が素早く現れて消えるような光（10、41、53、57、114）
free energy: 私達の周りにある無限のエネルギー (7、13、67、108、113、124)
FREE: Foundation for Research into Extraterrestrial Encounters – エドガー・ミチェル博士が創設した組織 （86）

Gaia: 私達の地球の霊体の呼び名（54、62、67）
geo-stationary orbit: 静止軌道、地球を見下ろすと、その上のものが動かないように見える軌道 (70、71)
Golden Age: ユートピアのような性質をもつ地球の未来の時代(66、92、108)
Great Spirit: 偉大なる霊、先住民による'宇宙の霊的な力'の呼び名、創造主、神、等とも呼ばれる (62、63)

Hathors: 人類に似た、音について熟知している、扇のような優美な耳を持った、進化した存在 (68、69、100)
Hubble Telescope: 宇宙に打ち出された望遠鏡の中で、最も大きく、融通のきく物の一つ (42、43、56)
Humming: 鼻音（ンーという音）を繰り返す瞑想法、ヒーリング法の一種 (94)
Hynek Classification System of Close Encounters： ハイネク博士が創造したETとの近接遭遇の種類を分類するシステム (6)
hyper-jump: 光より速く移動する事 (70、71)

internal communication: 他の存在からの情報を内面に受け取ること (50、51)
International Space Station (ISS): 国際宇宙基地、人々を入れて宇宙を回っている研究調査のための拠点(42，43、52、56、87)
Interplanetary Council: 惑星間評議会、ET大使達の議会で、統治と立法を行う（72、73)
iridium flare: 過去の物となったサテライト、太陽光の反射を受けて瞬間明るく輝いた (42、52)

JCETI (Japan Center for Extraterrestrial Intelligence) 日本地球外知的生命体センター：代表グレゴリー・サリバン　http://jceti.org (76、127、129)

Lion Beings: 進化した存在、ネコ科と人類の性質を持つ（68）
low flier: 低く飛ぶ UFO (53)
lucid dream/dreaming: 夢の中で、それが夢である事を知っている夢/を見る事（50、64）

mantra: 真言、瞑想や焦点を合わせるのを助けるため繰り返し唱える言葉 (93、97)
Merkabah tetrahedron: 神聖な幾何学的な図形を使って意図によって創られる光の乗り物 (70)
Military Industrial Complex: 軍部と産業の複合体、アメリカ政府の無責任で粗野な武器 (106)
Milky Way: 天の河、とても暗い地域でのみ見られる (43、56、82、114)

Namaste: "私の中の神が貴方の中の神に挨拶する"と言う意味の挨拶 (63)
New World Order: Cabal が打ち立て損ねた抑圧的な専制主義のシステム (108)
NORAD: North American Aerospace Defense Command (52)
Nordics: 人類の白色人に似た、進化した存在 (68)
northern lights: 極地に近い空で起こる素晴らしい自然の光の現象、オーロラ（aurora）とも呼ばれる (56)

OCSETI: Okanagan Centre for the Study of Extra Terrestrial Intelligence　デブ・ワランが率いる(125)
om: ヒンズー教、チベット仏教の神聖なマントラ、"宇宙の音"の意味 (96)
one mind consciousness: 唯一の意識、心の群集、集合意識、等　(11、12、9)
orb: 動く、エネルギーあるいは光の玉、いろいろな大きさと色のものがある (29、30、39、47、48、55、57)
out of body experiences (OBEs): 遊離体験、霊魂が貴方の肉体を離れて移動するときの事を覚えている経験(98)

parallel reality /universe /world)：私達の世界とは別の、同時に存在する可能性のある現実/宇宙/世界 (108、109)
Pleiadians: プレアデス座に起源を持つ白色人種に似た進化した存在（68）
power-ups: 星、ストリーカー、サテライト、飛行船の周りに現れる光の玉か輝き(13、48、52、53、54)
pranic energy: 宇宙エネルギー、生命力 (59)
probes: 地上に近く現れる小さな光、情報を集めているのかもしれない (53)
puja: プジャ、ヒンズー教の儀式（92、93）

quantum physics: 非常に小さな粒子の行動についての物理学的理論

Rahma: Sixto Paz Wells が創設した、初めての組織された交信グループ (28、124)
remote viewing: 遠隔観察、唯一の意識に入る事によって情報を得るために軍が開発した手段（8、86、87、98、99)

Seth: 肉体を持たない存在、Jane Roberts を通じてチャネリングした (100)
singing bowl: 深い瞑想やリラックスした状態を増進させる金属性の器（古くからチベットで作られ、使われて来た）、近年では砕いた水晶で作られる物もある（31、91、96）
slow walker: NORAD の用語で飛行機の事 (52)
Source: 神、創造主、宇宙、唯一の意識、等のもう一つの呼び名 (11、67、96、100、108)

space station on rings of Saturn: 土星の輪の上にあると言われているスペース・ステーション (70、71、87)
streakers: UFO かもしれない流星、alleged meteor とも呼ばれる (37、52、114)

telepathy/telepathic communication: 心を使ってするコミュニケーションあるいは情報の受け取り (55、64、70、73、111)
telomeres: DNA の染色体の先にある保護的な部分 (58)
The Global CE-5 Initiative: 毎月行われている、世界中で同時にする CE-5 (110、125)
The Disclosure Project: 2001 年にグリアー博士によって指導されたプロジェクト (124)
The People's Disclosure Movement: 人々によって"公開"を進める運動 (110)
theta brainwave state: 深い瞑想状態、浅い眠りの状態 (15)
toning: 長く伸ばした母音を繰り返えす一種の瞑想法、ヒーリング法 (94)

trans-dimensional: 多次元の間を行き来する能力 (62)
transcendental meditation (TM): Maharishi Mahesh Yogi によって創造された瞑想のテクニック (13)
UAP: Unidentified Aerial Phenomena、非確認大気現象
UFO: Unidentified Flying Object、非確認飛行物体
universal law: 宇宙の法則、命の基本的な働きの構造、例：私達全ては一つである、貴方は思ったものを得る (102、110)
universal one: 宇宙意識、初めから終わりまで、全て、全ての存在するもの (11、64、65、90、98)

vibration: 波動、私達の基本的な要素が振動する割合、高い波動 = 愛、低い波動 = 恐れ
vortex/vortices: エネルギーが高い特別な場所、渦巻く大きなエネルギー

zero point energy: 量子力学のシステムで可能性として最も低いと考えられているエネルギー (89)

CE-5 ネットワークのサイトに登録されたメンバー

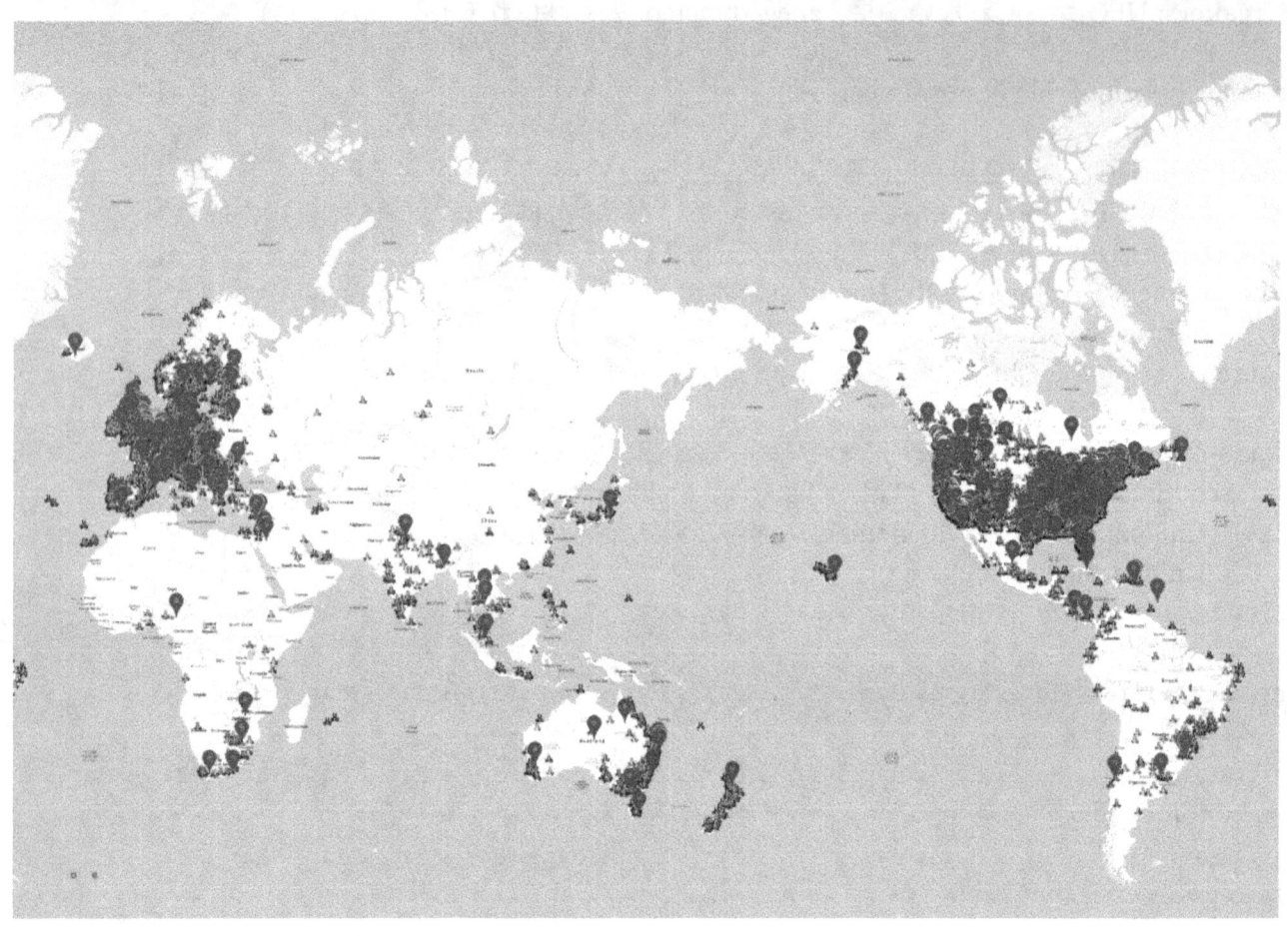

人物, 組織, 運動, 国家名 索引
数字は頁番号

Anael 95
Anonymous 107
Barbara Marciniak **90**, 106
Bashar : 91, 95, 107, 112
Bill Brockbrader 107
Billy Fingers 100
Bradfield 95
Carol Rosin 106
CE-5 Aotearoa, New Zealand 74, 88, 129
CE-5 Calgry 10, 103
CE-5 Tokyo 126, 129
Center for for the Study of Extraterrestrial Intelligence (CSETI) 8, 11, 41, 43, 97, 124
CSETI India 27
Daniel Pomerleau 108
Darryl Anka 95, 107, 108, 112
Deb Warren 44, 45, 47, 53, 70, 125
Don Daniels 72
Enlightened Contact with Extraterrestrial Intelligence (ECETI) 28, 48, 49, 53, 77, 99, **125**
ECETI Australia 129
Edgar Mitchell 86
Edward Snowden 107, 108
Enrique Villanueva 124
ET Let's Talk 2, 27, 28, 29, 90, 99, 103, **110**, 111, 125
Eva Moore 107
Federal Reserve 109
Fire the Grid 95
Foundation for Research into Extraterrestrial Encounters (FREE) 86
Grant Cameron
Gregory Sullivan **127**, 129
Hollis Polk 80
Hynek, J. Allen 6, 27
India 27, 92
James Gilliland 21, 28, 77, 99, 101, 103, **125**
Japan 19, 20, 28, 48, 49, 124, 125, 126, 127
Japan Center for Extraterrestrial Intelligence (JCETI) 76, 127, 129

John Hagelin 60, 61
Joint Threat Research Intelligence Group 113
Joshua Tree 28, 47, 92, 95
Kosta Makreas 8, 10, 29, 64, 99, 110, 111, **125**
Latin America 124
Little Grandmother Kiesha 78
Lyssa Royal Holt 14, 28, **97**, 100, 124
Mark Koprowski 20, **126**, 129
Matt Maribona 66
Military Industrial Complex (MIC) 101, 106
Monroe Institute 86, 91
Mount Adams 28, 48, 125
Mount Shasta 10, 28, 48, 52, 54, 124
Neale Donald Walsch 16, 22
New Zealand 28, 88
Okanagan Centre for Study of ET Intelligence (OCSETI) 125
Omnec Onec 91
Operation Paperclip 106
Paul Hellyer 68
Project Looking Glass 107
Rahma 28, 124
Richard Dolan 107
Russia 107
Samoiya Shelley Yates 91, 95, 112
Sirius Disclosure 28, 19, 124
Sixto Paz Wells 8, 28, 58, 99, **124**
Spain 124
Steven Greer 8, 86, 92, 96, 97, 106, 111, **124**, 125
Sunday meditations 61
The Disclosure Project 124
The Global CE-5 Initiative **110**, 125
The People's Disclosure 8, **110**, 111, 125
Tom Kenyon 91
UK 8
USA 6, 8, 28, 106, 107, 124, 125
Werner Von Braun 10

135

www.ingramcontent.com/pod-product-compliance
Lightning Source LLC
Chambersburg PA
CBHW081413070526
44583CB00020B/2788